新媒体运营从入门到精通系列

7小时玩转直播

直播口才、直播控场、直播变现

洳冰——著

人民邮电出版社
北京

图书在版编目（CIP）数据

7 小时玩转直播 ：直播口才、直播控场、直播变现 / 迦冰著. -- 北京 ：人民邮电出版社，2025. --（新媒体运营从入门到精通系列）. -- ISBN 978-7-115-66454-9

Ⅰ. F713.365.2；H019

中国国家版本馆 CIP 数据核字第 2025LB5062 号

内 容 提 要

随着市场竞争日益激烈，无论是网络直播行业的主播还是运营团队，都面临着巨大的挑战。观众对直播内容的要求越来越高。因此，主播不仅需要具备出色的口才，还需要打造独特的 IP 形象。

本书旨在帮助主播和相关从业者提升自身能力，适应行业发展需求。具体而言，本书从口才修炼出发，总结能高效提升口才的关键点，帮助读者对症下药，成为金句频出的表达高手；从 IP 打造的角度出发，帮助主播用差异化方法实现控场，提升自己在观众心中的认可度，成为市场风向标和被信任的对象；从挖掘需求、魅力演讲出发，帮助主播掌握引爆销量、实现直播变现的要点、方法、策略，成为变现达人。

本书适合主播、直播运营团队及对直播行业感兴趣的人员阅读，也可以作为培训机构学员、新媒体从业者的参考用书。

◆ 著 迦 冰
责任编辑 于 然
责任印制 彭志环
◆人民邮电出版社出版发行 北京市丰台区成寿寺路 11 号
邮编 100164 电子邮件 315@ptpress.com.cn
网址 https://www.ptpress.com.cn
北京市艺辉印刷有限公司印刷
◆开本：880×1230 1/32
印张：7 2025 年 3 月第 1 版
字数：180 千字 2025 年 3 月北京第 1 次印刷

定 价：59.80 元

读者服务热线：（010）81055656 印装质量热线：（010）81055316

反盗版热线：（010）81055315

自序

我从事了8年线下培训工作，也享受了所谓“台前”的高光时刻。面对时代的发展变化，我以自身积累多年的演讲和培训经验，总能不断“破局”重生！

2020年2月底，我在百无聊赖的情况下刷起了抖音，并且开启了我人生的第一次网络直播。我每次都认真准备，1小时的直播，我要在直播前一天花6到8小时才能备好直播的知识内容，然后很认真地开始可能只有几个观众在线的直播。

即使开局是这样，我还是发现了直播的乐趣，并充分发挥了自己的演讲功底。我对自己说：“试试看，至少不会有损失，最差的结果就是花点时间而已。”

在直播过程中，我总结出以下三点。

- 心态上绝对不要有太多的期待，不然失望可能更大。
- 做自己喜欢的事情。对于喜欢的事情，你总能找到各种方式让自己享受起来。
- 勤奋、认真，严谨对待每一件要做的事情。

我的一位私教学员是福州大学的老师、心理学专家，她说第一次看到我直播是在视频号上，在线人数少得可怜，没想到两年后，我的直播越做越好，粉丝数量也越来越多。她很诧异，于是开始了解我，知道我的情况后果断成为我的高阶学员。

这样的案例不胜枚举。其实，我只是一个很普通的创业者，我也没有专门向谁学过做直播。对于直播，我只是自己摸索出了一套方法，总结出了一套理论。我也喜欢看抖音直播带货的热烈场景，喜欢研究一些知识 IP 的成功路径，思考直播中每个产品的展示方式。这样细微的研究过程让我实现了从 0 到变现百万元再到千万元的目标，也孵化了许多跟随我学习的创业者。

有结果的事情和理论，一定是知行合一、值得大家参考的。于是，我将能写的都写出来，将能想到的案例都贡献出来。这些全都是发生在我身边的或者就是我自己亲身经历的，其参考价值远胜于夸夸其谈的理论，更具备现实参考意义。

"从 0 开始，做直播怎样准备？"

"我的演讲功底好像不太行，做直播讲什么呢？"

"我开播了，可是变现能力太差，怎么办？"

"我尝试变现了，可是持续力太弱，怎么办？"

"我想全面学习包括演讲成交能力、直播的全方位技巧和方法等课程，有没有这样的参考资料？"

如果你有以上问题，那么我觉得你一定要认真阅读这本书。可以说，本书中的理论、方法兼具实操性和可复制性。

通过大量的直播，我总结出很多经验，创作了这本书。其中有大量关于直播口才、直播控场、直播变现的重点突破方法和案例，能够为你的演讲魅力提升和直播创业插上一对翅膀，让你的直播创业之路越走越好！

当然，科技会迭代，但人性的共鸣会永存；工具会升级，但真诚的表达总会产生影响力。AI 技术正以惊人的速度重塑直播业态：虚拟主播可以 24 小时不间断开播，大模型可以实时生成互动话术，智能系统可以分析用户情绪并推荐脚本……这些变革让许多人焦虑："主播会被 AI 取代吗？"

我的答案始终坚持不变：AI 是工具，而非对手。它或许能模仿人类的语言逻辑，却无法复刻真实的情感温度；它能精准捕捉流量密码，却难以替代镜头前独一无二的"人设灵魂"。

用人的创造力驾驭机器的智能，在算法的浪潮中锚定真实的价值。直播不仅是技术，更是一种"赋能普通人被看见"的力量。面对 AI 与算法的双重冲击，主播需要的不仅是技巧升级，更是认知的重构。在本书中，我想传递三个关键思考：

- 警惕唯流量论：我坚持提倡留住用户要靠真实的对人性的洞察；
- 拥抱人机协同：用 AI 处理数据、生成素材，而我们要专注创造不可替代的情绪价值；
- 坚守长期主义：比起追逐短时效的爆款话术，我们更应修炼可持续的表达心法。

最后，我想说：点亮屏幕的从来不是镁光灯，而是你眼里的光；决定成交的也不只是话术，还有你话语中滚烫的诚意。愿这本书能陪伴你在虚实交融的直播时代找到属于自己的光芒！

2025 年 2 月于西班牙

目录

04 第 4 章 / 095 场景化展示：好口才搭配现场展示

05 第 5 章 / 117 挖掘需求：观众的痛点是主播的爆点

第 1 章

口才修炼：要做直播必须懂说话技巧

这是一个注意力稀缺的时代。可以说，抓住了大众的注意力，就抓住了流量密码。直播行业是一个吸引大众注意力的行业，要想让观众愿意听、记得住、能传播，主播就要有更强的逻辑、更好的口才，并且输出更精彩的内容。

能说不等于有口才。能说是技能，口才是能力，直播需要行云流水、口齿伶俐、思维清晰地表达。主播要能用语言、文字和动作，明确地把自己的思想、情感、意图等表达出来，并尽力让他人理解和体会到。

本章从直播的底层逻辑出发，具体说明为什么做直播需要口才。

1.1 做直播为什么需要口才

对于一名每天面对镜头的主播来说，好的口才越来越重要。这是因为如今的市场环境发生了很大的变化，每个行业都趋于网格化，品牌趋于人格化，消费者受情绪的牵引比理智更多。因此，主播要有足够好的口才，并通过自己的口才获得更多关注，才有机会成功变现。

1.1.1 内容为王：你的直播必须有料

在移动互联网时代，直播平台越来越多，人人做直播成为一种趋势。虽然直播行业发展火热，但其中也存在一些问题。原来以才艺展示、在线聊天、游戏解说为主的直播，模式单一，要依靠粉丝的关注和打赏才能变现。直播电商的出现虽然改变了直播行业的格局，但其市场已经被少数头部主播占据。因此，普通人想通过直播实现弯道超车，最关键的是从形式主导转变为内容主导。

直播仅靠吸引注意力的形式，不可能一直拥有可观的流量。内容为王才是直播行业乃至整个新媒体行业未来发展的趋势。

在传递文化和价值方面，直播大有可为。如何做好直播内容，使直播由形式主导转变为内容主导呢？

（1）坚持知识输出

知识输出是所有主播安身立命的根本。2024 年 6 月，抖音上一位博主“米三汉”横空出世，他发布了一个 450 分钟的作品，深度解读《红楼梦》，作品点赞数超过千万。这让很多原来在抖音上追求完播率和表面数据的内容创作者“无所适从”。“米三汉”完全冲破了数据规律，以强有力的内容和知识储备，让自己在自媒体平台上“一骑绝尘”。

这里所说的“知识”，包括主播对自己专业领域的研究。例如，化妆品主播是否了解美白原理、长痘原理、皮肤干燥原理，决定了其能否在化妆品成分拆解上给出足够让人信服的数据。可以说，对自身行业知识的储备决定了主播的魅力上限。

有个学员咨询我：“老师，我是不是应该选一个好老师来学习服装搭配课程，因为我打算做穿搭博主。”我和她说：“你不要急着找老师学习，要反问自己，如果有时间，是不是愿意去研究‘中国服装发展史’？多看看关于服装的历史、文化、演变等知识，研究一下当代服装风格和时尚趋势，从人、政治、历史等各个角度去思考服装搭配，你可能会有不同的收获。”所以，我要求我的学生打开直播间开始直播的前提是自己已经对专业领域有一定的研究，这样才能吸引有相关需求的人。

(2) 打造明星 + 创新内容

有明星参与曾是很多直播间吸引粉丝的利器，明星凭借天然的粉丝基础，拥有强劲的号召力和带货能力。然而，随着众多明星纷纷下场直播，粉丝的热情也开始消退，那些在大浪淘沙后留下来的明星主播也开始在内容上下功夫。

2024 年，我比较喜欢伊能静的直播，她能把精油的卖点和她对儿子哈利的爱关联起来。她介绍精油的过程，实际上是表达她对儿子的爱的过程。她会在直播间讲女性如何在婚姻中做自己，如何理解女性独立，怎样思考人生、婚姻、事业……她也会传授成为幸福女人的具体方法。她在输出优质内容的同时直播带货女性私密产品、女性护肤产品等。在她的价值观和人设的影响下，粉丝都愿意为她推荐的产品的精神属性买单。

而且，她的直播间充满了个人魅力和女性满满的温柔气氛，会给观众一种被疗愈的感觉。她的表达魅力是很强的，她用镜头布景、讲故事，通过温柔的语言吸引观众，让观众喜欢停留在她的直播间，并愿意为她销售的产品买单。

在她的努力下，她的每一场直播都有高水准呈现，她的直播间也在竞争激烈的带货市场中脱颖而出，并保持了较高的观众黏性，精准吸引了一大批愿意消费的女粉丝。

（3）打造纯知识内容

对于一个以分享知识内容为主的主播来说，直播数据不好的根源就是内容不好。综观那些能上热门的高质量内容，它们大多能引起观众共鸣，互动率极高。那么，知识内容怎样才能引起共鸣呢?

①观点深刻

每个人都有慕强心理，就像每个人都更有可能采纳专家的意见一样。如果你输出的观点让人感觉透过现象看到了事物的本质，那么就更有可能让人信服。毕竟每个人都更想跟专业人士学习。

②知识解惑

你需要证明自己提供的知识比观众已经知道的更详细、更专业、更好，或者能像及时雨一样为他们解决问题。这样观众才会像收藏工具书一样收藏你的作品，让你的作品成为他们的助力工具。

③改变认知

很多知识主播的评论区经常出现这样的评论："原来还可以这样，快点学，回去就用。"这是通过改变观众的固有认知，让他们产生崇拜心理，从而体现内容的价值。

④案例解析

满足人们"吃瓜看戏"的需要，也是一种输出知识内容的形式。单纯讲授某一种知识，可能很难引起观众的兴趣。这时，主播就可以拆解一个著名的行业案例，将细碎的知识点融入案例讲解中，让观众在娱乐的同时开阔视野，学习知识。

我经常在直播间讲述自己的创业故事，作为知识点的解释说明。例如，我在讲解"如何在直播间讲故事"时拆解了一个自己曾经的职场经历作为说明。

第一步——目标：成为一个独立女性，自己的婚姻不被别人掌控。

第二步——阻碍：我去上海，公司三个月发不出工资，我面临着个人经济危机和内心的沮丧，依然坚持和老板创业。

第三步——努力：我拼命跑市场，去全国各地参加展会。

第四步——结果：我拿到了一个 10 万元的订单，老板给我发了 1 万元工资，我继续在全国努力开拓市场。

第五步——阻碍：上司因为我太努力而开除了我。

第六步——转折：我给每个客户打电话告别，站好最后一班岗。有一个客户为我介绍了新的工作，我来到了行业排名前三的公司。

第七步——结果：我从一个普通员工逐渐成为部门经理、品牌经理、分公司总经理、总公司副总经理，一步步在职场上有所成就。

通过这个故事，我不仅讲清楚了讲故事的步骤和方法，直播间的观众也听得津津有味，并且加强了我“创业独立女性”的人设，可谓是一箭三雕。

总之，东方甄选的爆红标志着直播进入内容时代。直播不再只是一种交易方式，更是优质内容传播的媒介。未来，能输出专业优质内容的团队将会成为直播这条赛道的“常青树”。

1.1.2 赋能产品：让销售更顺畅的话术

直播的三个重要因素是人（主播）、货（产品）、场（场景），这三个因素紧密相关。要想打造吸引力强的直播间，让产品的销售更容易，主播就要把握好直播的底层逻辑，提升人、货、场的表达力。

（1）人（主播）

人包括主播及整个直播团队，其中主播是与观众互动的主要媒介，也是提升直播表达力的关键。主播需要通过高超的表达技巧，拉近与观众的距离，提升观众的信任感，从而将产品更好地展示给观众。

例如，有一位主播在向观众推荐一款香水时是这样介绍的："这款香水的香精浓度高达 20%，主调是柑橘、檀香和雪松，它们混合成了一种非常清新的木质香。"这位主播介绍了许久，香水的销量依旧不高。原因就在于这位主播的介绍虽然很专业，但许多粉丝都无法听懂他的介绍，自然也不会下单。

另一位主播在推销这款香水时则是这样介绍的："这款香水是用天然香精调制而成的，安全不刺激，留香时间约为 4 小时，香水的味道像是夏天雨后森林的味道一样。"该主播只用了简简单单的几句话进行介绍，观众却纷纷下单。因为这位主播将"香精含量"转换成了观众更容易理解的"留香时间"，又把香水的味道形容为"夏天雨后森林的味道"。这更容易让粉丝产生想象，在心中形成对香水香味的认知。

我在多年的演讲培训中，始终强调启发观众想象力的作用。如果观众始终保持理性的状态是很难做出消费决定的，感性的状态更容易使人做出买单的决定。所以，通过场景描述使人产生想象力，让人进入一种感性状态，也是主播的一种重要表达技巧，能在直播间起到很关键的作用。

（2）货（产品）

直播中的货并非只是有形的产品，也可以是无形的知识、课程、方法论等。产品需要主播的介绍和场景的展示才能销售出去。但事实上，如果选好产品、梳理好卖点，产品本身也可以具有表达力。

现在，我们在深夜打开淘宝时会发现越来越多的商家在用虚拟主播直播。这些虚拟主播虽然可以 24 小时不间断直播，但与真人主播相比，其灵活性和表达力稍差。因此，许多品牌方就相应提升了夜场直播间产品贴图的丰富度，包括产品样式、优惠等，以此增强产品本身的表达力，弥补虚拟主播的不足。

同样，对于知识产品，比如课程，如果海报设计得很有吸引力（见图 1-1），加上观众较高的好评率，也会让人看完就忍不住下单。由此可见，产品的合理展示也具备很强的表达力。

图 1-1 “演讲成交力”海报展示

（3）场（场景）

除了主播的表达力以外，场景的表达力对于直播也非常重要。优质的场景可以让直播内容更吸引人，让观众更有沉浸感。

很多主播会通过别具一格的妆造，打造剧场式、综艺式直播场景，放大直播的娱乐效果。例如，主播身着古装，走在古色古香的江南小镇中，然后向观众推荐当地的特色产品或旅游项目，肯定比在棚内定点直播更有表达力和说服力。

优质直播间的架构是一个完整的链条，将主播、产品、场景紧密联系在一起。只有让这个链条无缝衔接地运转起来，产品销售才会更加顺畅。

作为一名知识主播，我在 2021 年 11 月 6 日和 2022 年 7 月 30 日分别完成了 12 小时的直播，这两场直播都实现了预售额数百万元的目标，介绍的都是魅力演讲的课程。

第一次我展示了独特的魅力直播间，用 6 款不同的服装代表不同的演讲角色；第二次我用 7 种服装色彩代表不同的连麦嘉宾。多彩的服装使直播场景令人愉悦和放松，让更多人可以在这场长达 12 小时的魅力演讲中驻足，也让观众对直播间的下一次造型充满期待，并且让我顺利完成了课程预售目标。

我的实战案例

在 2021 年夏季，我曾经帮助云南丽江的一位果农做杧果带货。那么，我是如何赋能产品的呢？一是讲好产品故事，二是赋予产品价值。

（1）讲好产品故事

很多人做直播带货都会讲产品的功能、成分及使用价值等，这样虽然也能赋能产品，但它不生动，没办法让观众深刻体会到产品的好处。这时我们就需要为观众讲解产品故事，即不同产品之间的使用对比，让观众能更直观地看到产品的价值。

例如，我在直播间将当地的杧果和普通商超里的杧果作对比，包括杧果的产地、质量、色泽、果肉的厚度等，让观众可以直观地看出我们的杧果更优质。

（2）赋予产品价值

这里说的赋予产品价值不只是产品本身的实用价值，还有精神价值。我在直播时特意点明杧果干都是手工制作，非常环保健康（说明产品本身的价值）。除此之外，我还讲述了果农的困难情况（赋予产品精神价值）。我说："因为市场和物流的原因，丽江这一片的果园没有人收货，许多果农只靠着卖杧果维持生计，一个月的收入只有 1000 元甚至几百元。如果没有大家的帮助，这些杧果就会烂在地里面。但是，这么好的杧果，又大又甜，烂掉实在太可惜了。我希望通过我的直播间，把杧果从丽江带到全国各地去，帮助果农渡过难关。"当时直播间的很多观众被助农精神打动，纷纷下单。

除了直播间，我还在社群及朋友圈宣传这种精神价值，让更多我的新老粉丝们关注并购买杧果。与此同时，除了销售杧果，我还做了一个促销。那就是花 99 元买 10 斤杧果，可以获赠我的价值 99 元的课程。这个策略实现了知识与情怀的结合，使产品赋能达到了顶峰。这时我卖的杧果不仅拥有杧果本身的价值，还承载着助农精神及知识课程的附加价值。

主播在带货时也可以从多个角度赋能产品，包括产品的基本价值、精神属性、人生观、价值观等，让产品的价值丰富起来，让观众有更多的获得感，才能一步步地把销售推向高峰。

1.1.3 信任传递：能带来指数级增长，也可让热度降至冰点

信任是一把双刃剑，主播可能因为得到信任而渡过难关，也有可能因为失去信任而跌落谷底。近年来，知名主播“翻车”的新闻屡见不鲜，直播行业风波不断，吸引了大批网民的关注。风光无限的直播行业背后乱象丛生，这让许多观众不再信任主播，甚至对主播有了根深蒂固的偏见。

影响观众对主播的信任度的因素

影响观众对主播的信任度的因素主要有以下两个，如图 1-2 所示。

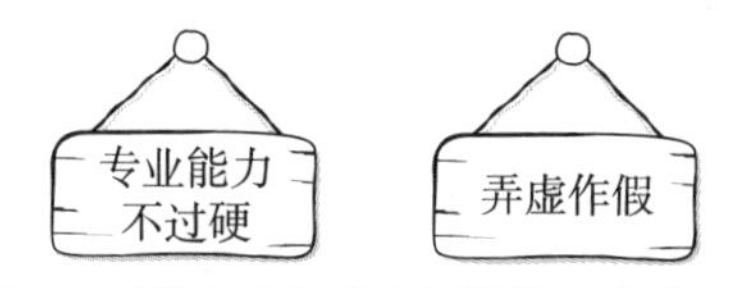

图 1-2　影响观众对主播的信任度的因素

（1）专业能力不过硬

直播是一场需要随机应变的超长时间展示，很多主播经常直播 8 小时，甚至 12 小时，以不断吸引流量，确保自己的直播始终有人观看。在这样漫长、高压的环境下，主播需要很强的表达力、控制力来把控直播间的整体节奏，保证不让观众看到自己的丝毫疲态。

台上一分钟，台下十年功。想在直播过程中始终保持精神饱满的状态，主播就要在平时不断提升专业技能。例如，做知识付费的主播就要极其熟悉专业知识，做到讲的每一个专业问题都正确。否则，不仅容易降低观众对自己的信任度，还会影响变现效果。因为没有人会从一个不专业的老师那里买课程、学习知识。

（2）弄虚作假

诚信是一切交易的前提，直播带货也不例外。被流量吸引来的各行各业的主播和被各种营销活动吸引来的观众之间并不存在信任基础，观众对主播的印象来源全凭主播在直播时展现的形象。如果这个形象是虚假的，那么这个虚假的形象给主播带来多少红利，就会让主播遭受多大的反噬。

例如，一位做知识付费的主播，其人设是名校毕业，深耕某行业 10 年。然而，如果他对外宣传的人设是虚假的，有朝一日东窗事发，那么不仅他前期积累的粉丝会流失，还会被广大观众永远贴上不诚信的标签，哪怕他以后转做其他内容也会被质疑。

主播获得观众信任的方法

主播与观众之间的信任并不是一朝一夕就能够培养出来的。主播需要不断加强专业技能，诚信做人、做事，不断与观众互动，以加强与观众的联系，逐渐获得观众的信任。主播获得观众信任的方法，如图 1-3 所示。

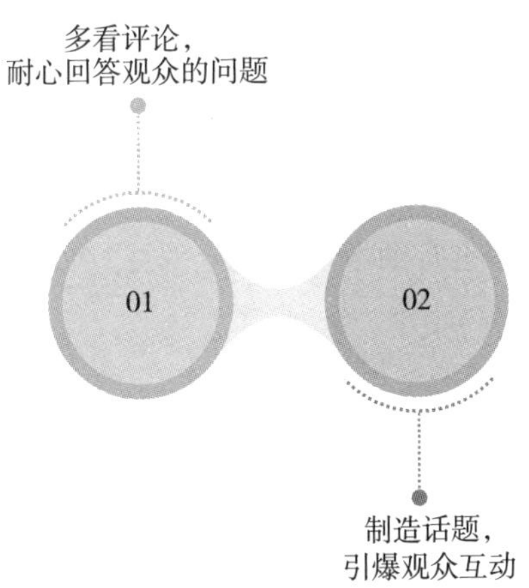

图 1-3　主播获得观众信任的方法

（1）多看评论，耐心回答观众的问题

回答观众提出的问题是主播与观众进行互动的有效方法。在

直播过程中，观众会不时地询问一些问题，如产品细节、直播间的活动机制等。而观众进入直播间的时间并不统一，很多时候主播已经回答了一位观众的问题，不久后就又有刚进入直播间的观众询问同样的问题。这样的情况经常发生，主播需要时刻对观众保持耐心，认真对待观众的每一次提问，以塑造耐心、值得信赖的形象。

有些观众或许会出于好奇而提出一些与直播内容无关的问题。例如，在直播时，主播身后出现了一条小狗，观众就会好奇："主播是在家里直播吗？这是主播养的小狗吗？"对于这一类与直播内容无关的问题，主播可以适当地回答。例如："这是公司养的小狗，名字叫旺财，是我们公司的团宠哦。"这种回答既能满足观众的好奇心，又能让观众看到主播生活化的一面，提高观众对主播的好感度。

主播在直播间与观众的互动非常重要，双向互动会让观众在直播间有参与感。这有助于提高观众对主播的信任程度，也有利于营造温暖的直播间氛围。

（2）制造话题，引爆观众互动

在长达几个小时的直播里，如果主播一直围绕主题自说自话，难免会让观众感到疲惫。因此，主播要制造话题让观众参与讨论，吸引观众互动。

例如，在直播间，请求观众认同、打出"主播金句"等互动行为都非常重要，能增加整场直播的热度。

在直播前，主播可以准备三四个话题。这些话题要与直播主题相关，避免内容过于敏感，最好能在轻松愉悦的氛围中把直播间的热度调动起来，让观众更加积极地参与直播互动。

例如，主播销售理财课程，可以抛出一些理财的痛点话题让观众讨论，如基金定投如何做、如何进行无风险理财等。

在讲演讲主题时，我会经常提问："演讲时最令大家头痛的是什么？是成交量不高，还是逻辑不清晰？"有一次直播讨论到每个人的演讲风格不同，对于风格的解释，我就和观众在直播间互动。我会提出一些问题。例如，老虎的特性是什么？孔雀的特性是什么？大家纷纷在屏幕中作答，互动感特别强。

主播在与观众进行话题讨论时，也能够使观众看到自己对某些事件的独特见解，体现自己的专业性，增加表达力。双方可以在讨论中加深了解，拉近彼此的距离，主播也能因此与观众建立信任关系。

1.1.4　共情力量：用强亲和力拉近主播与观众的距离

人与人之间的交流，其实是情绪、情感的传递。与观众共情是拉近主播和观众距离的捷径。那么，主播如何做到共情呢？

（1）增强幽默感

俗话说，伸手不打笑脸人。人们更喜欢接近风趣幽默的人，更容易对他们卸下防备。

例如，某主播说普通话时会带有方言口音。在一次直播中，一位粉丝评论道："主播还是捋好舌头再说话吧，这样讲话听着真别扭。”这句话使直播间的气氛瞬间降了下来。但是，该主播并没有因为这位粉丝的话而生气，他笑着说：“之前有人问我，作为主播怎么连普通话都说不好？其实，我是怕我普通话说得太标准，把你们迷倒。”这一番话不仅巧妙化解了尴尬，也让直播间的气氛再次活跃起来。

有一次讲到普通话问题，我曾直接回答：“如果你爱我，我所有的缺点都是特点；如果你不爱我，那么我所有的特点都是缺点。”一时之间，粉丝纷纷留言“我爱你”。

（2）与观众统一语言

对于主播来说，如何吸引年轻观众的关注变得十分重要。主播需要深入了解年轻观众的生活，和他们“打成一片”，才能获得他们的认可，吸引他们观看自己的直播。同时，主播可以学习一些流行语，以方便与年轻观众交流。

（3）寻找共同话题

从共同话题入手，与观众展开讨论，能够展现主播的亲和力，拉近与观众的距离。例如，自从支付宝开放理财直播以来，越来越多的基金公司也加入直播营销的大军中，抢占直播流量风口。相比带货，这些基金公司更倾向于进行知识型直播，因为投资者最关心的是基金公司是否与自己站在一起。基金公司通过直播解答投资者关心的问题，输出投资的理念、方法、观点，树立严肃、专业且值得托付和信赖的形象，拉近与投资者的距离，真正做到利益共享、风险共担。

共情是与观众建立信任关系的捷径。主播要在观众最敏感、最关心的问题上共情，以此让自己的表达更有力度，更吸引人。

1.2 新时代主播如何培养口才

很多人可能有这样的困扰：想做直播，成为主播，但不知道怎么把话说好。其实，口才是可以培养的。我们都知道撒贝宁的口才很好，他经常在节目中给人意想不到的惊喜。那么，他的口才是从出生开始就很好吗？肯定不是。他的口才也是一步步培养出来的。

培养口才是有方法和技巧的，主播自己也要坚持和努力。只有这样，主播才能放下心理负担，大胆地说话，在直播的舞台上尽情地绽放自己。

1.2.1 金字塔逻辑思考图：说问题、给结论、摆论据

在一场直播开始前，主播需要确认两个重点：一是本场直播需要解决什么问题；二是希望得到观众什么样的回应。在实际操作时，主播可以用金字塔逻辑思考图进行分析，如图 1-4 所示。

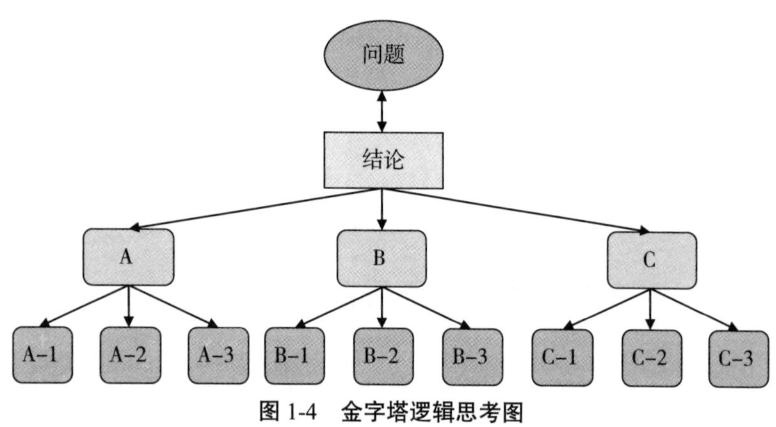

图 1-4 金字塔逻辑思考图

在构建金字塔逻辑思考图时，主播要先明确问题和结论，然后写出 3 个或 3 个以上支撑结论的依据。这些一级论据本身也可以是论点，被二级的 3 ～ 7 个论据支撑。如此延伸下去，就可以构成金字塔的形状。那么，什么样的沟通方式更容易理解呢？一般来说，主播要遵循“论点→结论→理由→行动”的顺序，这样可以让沟通更清晰、更有条理。

其中，结论是对论点的回答，只要论点明确，就很容易得出结论。在阐述结论时，主播可以使用由主语和谓语组成的判断句，即“××是××”。而在口语表达中，主播为了方便，也可以省略主语。

例如，美妆主播可以对直播间的观众说“我们平时用了那么多补水的护肤品，皮肤还是很干”，那么结论就是“用了补水的护肤品，皮肤仍然很干的原因是补水方式不对”。

明确了论点和结论的关系后，主播还要明确结论和论据的关系。如果主播想要阐述的内容很多，那就要思考最重要的内容是什么。最重要的内容就是结论，而其他内容则可作为结论的论据。

在寻找论据时，主播还应该做到以下两点。

第一，自下而上地思考，自上而下地表达。从已有的素材和论据出发进行思考，并提炼概括得出结论；从中心论点出发进行表达，阐述论据。

第二，按照逻辑顺序组织架构，纵向总结，横向归纳。将已有的素材按照一定的逻辑顺序进行分析、整理，让内容呈现出有序的结构。纵向是按层次关系分类，即上一层次内容是对下一层次内容的概括，下一层次内容是对上一层次内容的解释和支持。横向是按关联关系分类，即将相似的内容归为一类。

1.2.2 黄金圈法则：Why/How/What

黄金圈法则其实就是三个套在一起的圈，里圈是 Why（为什么），中圈是 How（怎么做），外圈是 What（做什么），如图 1-5 所示。

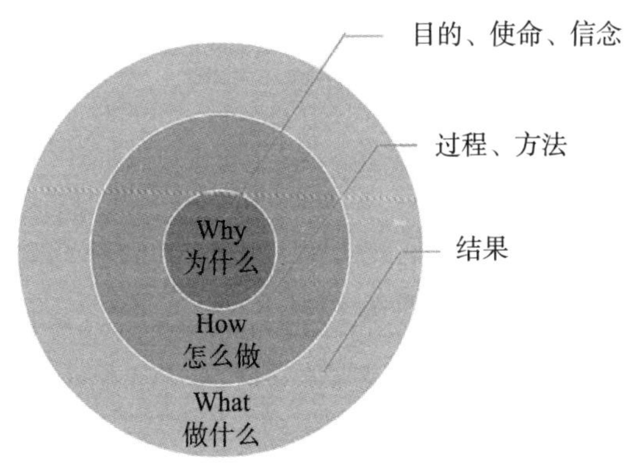

图 1-5 黄金圈法则结构图

黄金圈法则最早由演讲者西蒙·斯涅克提出，指的是演讲者在和观众沟通时应该遵循从内圈到中圈、再到外圈的顺序，即从 Why 到 How，再到 What，这样更容易激发观众的热情和积极性。

黄金圈法则的内圈是 Why，关键点是目的、使命、信念，即为什么要做；中圈是 How，关键点是过程、方法，即具体应该怎么做；外圈是 What，关键点是结果，主要说明这是一件什么事情、有什么特点、你做了什么。该结构可以充分且立体地展示出直播内容的方方面面，从而为主播进一步优化直播效果提供指导。

如果主播想利用黄金圈法则向观众介绍一款扫地机器人，那么主播可以从三个方面着手。

首先，从内圈的 Why 说起，先阐述为什么要研发并生产这个产品，即为什么扫地机器人会存在，它的核心使命是改变很多人没时间扫地、拖地的现状。

其次，介绍中圈的 How，阐述这个产品怎样帮助他人或怎样改变了他人的生活，即说明扫地机器人的使用方法、运行原理、搭载的技术等。

最后，介绍外圈的 What，阐述这个产品拥有什么作用和价值，即扫地机器人能帮助人们扫地、拖地，使人们解放双手，让人们拥有更高的生活质量。

要得到人们真正的关注和认可，直播内容就要具备价值。因此，主播需要展示自己的直播内容给观众带来的好处。在直播中，主播需要指出一些观众关心的问题（如演讲表达成交力差、皮肤问题频发、生活质量低等），并向观众描述出现这些问题的原因（如没有让表达逻辑形成回路、护肤手法不当、没有时间做家务等），最后进一步阐述自己的直播可以帮助大家解决这些问题（如天龙八部演讲成交方法、学习正确的护肤手法、推荐智能家用电器等）。

1.2.3　SCQA 模型：结构化的故事叙述模式

如果想让沟通更顺畅，除了要使用金字塔逻辑思考图以外，主播还应该掌握 SCQA 故事叙述模型。SCQA 模型由四个要素组成，如图 1-6 所示。

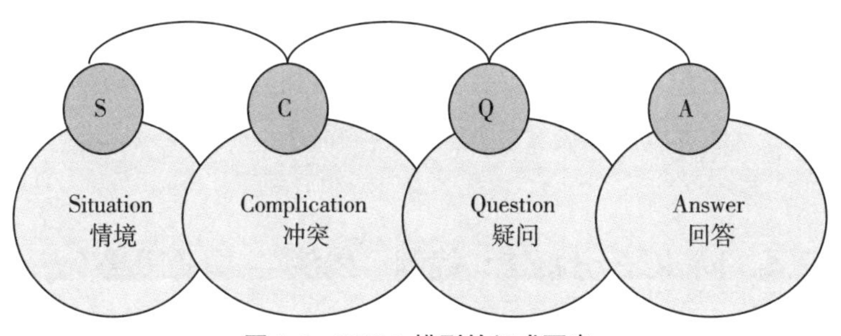

图 1-6　SCQA 模型的组成要素

S：Situation（情境），由大家都熟悉的情境引入事实。

C：Complication（冲突），实际情况往往和大家的要求有冲突。

Q：Question（疑问），怎么办。

A：Answer（回答），解决方案是什么。

主播在沟通时，如果要利用 SCQA 模型，就应该创建有意义的情境，提出有依据的答案。例如，某位饮品主播就以 SCQA 模型为观众模拟了浓缩咖啡液的使用场景，最终获得了可观的销量。

S：Situation（情境）。“不知道大家有没有这样的经历，自己公司在比较偏僻的郊区，在附近找了很久也没有一家很好喝的咖啡店。”

C：Complication（冲突）。“公司楼下好不容易开了一家咖啡店，但价格高，口感还特别差。”

Q：Question（疑问）。“此时应该怎么办呢？”

A：Answer（回答）。“您只需要购买我展示的这款浓缩咖啡液。这款浓缩咖啡液不仅价格实惠，而且口味正宗。接下来，我将为您介绍这款产品的优惠信息。”

主播用 SCQA 模型介绍产品，不仅能够将产品的使用场景介绍清楚，还可以用冲突激发观众的购物需求，促成交易。

1.2.4 MECE 分析法：找到“线头”，厘清思路

MECE（Mutually Exclusive Collectively Exhaustive，相互独立，完全穷尽）分析法有两个特点：一个特点是各部分相互独立，另一个特点是所有部分完全穷尽。相互独立意味着问题在同一维度上，而且不可重叠，这样才不会反复分析一个问题；完全穷尽意味着全面、周密地分析问题，这样才可以没有遗漏，如图 1-7 所示。

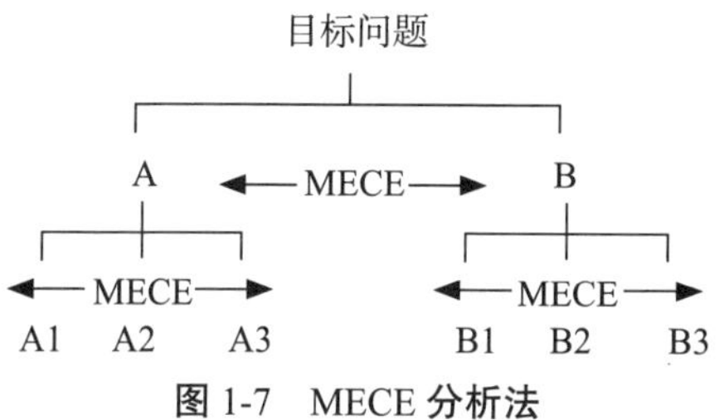

图 1-7　MECE 分析法

MECE 分析法的重点在于帮助大家找到所有影响预期目标的关键因素，并找到所有可能的解决办法，然后据此制定令人满意的解决方案。在使用 MECE 分析法时，我们需要注意以下事项。

第一，在明确所有问题的基础上逐个往下层层分解，分析出关键问题和初步的解决思路，直至所有问题都找到令人满意的解决方案。

第二，在不考虑现有资源限制的基础上，找出能够解决问题的所有可能的方法，这些方法还包括多种方法结合产生的新方法。

第三，在现有资源的基础上，对所有可能的方法进行分析和比较。

第四，从所有可能的方法中找到最符合当下实际情况，也最令人满意的方法。

例如，主播可以通过 MECE 分析法分析自己直播间的业绩为什么不好。在有了切入点之后，就需要对问题进行分析，即直播间利润下降是由哪个因素造成的，以及如何解决这个问题？

第一层：利润 = 收入 – 成本。

第二层：收入 = 数量 × 单价；成本 = 固定成本 + 变动成本。

第三层：变动成本 = 数量 × 单位变动成本。

直播间的利润 = 销售收入 – 进货成本 = 产品销售数量 × 产品单价 – 固定成本 – 产品销售数量 × 单位变动成本 =（产品单价 – 单位变动成本）× 产品销售数量 – 固定成本。

综上所述，直播间的利润受产品单价、单位变动成本、产品销售数量及固定成本等因素的影响。这名主播通过分析数据得知，产品单价、单位变动成本、固定成本都没有变，便可以得出结论：造成直播间利润下降的原因是产品销售数量减少。

此时，主播需要回到最初的切入点，即如何提高直播间的利润。主播可以通过设置引流产品、开展优惠活动等方式，增加销售数量，提高利润。

MECE 分析法能够将所有可能导致目标问题出现的因素列举出来，让主播厘清思路，明确根本原因。主播分析得越透彻，列出的问题层次越多，最终找到的原因就越精准。

总之，无论是分析事实、创建假设，还是证伪假设等环节，都要贯穿 MECE 的思维准则，即对问题的思考要完整、有条理。MECE 分析法有利于主播培养结构化思维，而结构化思维能够帮助主播解决直播中出现的一些关键问题。使用 MECE 分析法，我们需要找到“线头”，厘清思路，而不是否认事物之间的相互联系。

1.2.5 剔除“枝蔓”：思想的“枝蔓”+ 表达的“枝蔓”

人们喜欢以天气、家庭、兴趣爱好及经历作为话题进行闲聊，这种漫无目的的沟通往往是随意的。直播与日常交流有很大不同。

直播需要有明确的话题，而且话题还不可以过于分散，需要与直播内容相关，因为人的精力总是有限的。

在直播中，如果主播不停地变换话题，结果可能是没有哪一个话题能够得到深入讨论，观众和主播也达不成共识，导致没人下单。这就好像一棵树的枝蔓太多，分不清主次了。直播中的“枝蔓”有两种：一种是思想的“枝蔓”；另一种是表达的“枝蔓”。

（1）思想的“枝蔓”

人的思考通常都是从发散思维开始，再由收敛思维结束。在发散思维时，“枝蔓”越多越好。而在收敛思维时，“枝蔓”则越少越好，以便于找到集中的“点”。以回答“干货是什么”这个问题为例，很多人都觉得这是一个难解的问题。

作为一个网络词语，“干货”在不同的背景下有着不同的含义。例如，“接地气”“不空洞”“原创”“内容翔实”等词语都与“干货”有关。

于是，有人给了“干货”一个只有七个字的解释：没有废话的长文。

这个解释把其他“枝蔓”剔除了，非常精简，也很难被反驳。这就是剔除思想的“枝蔓”，保留了最核心的东西。

对于知识主播来说，每次直播之前需要准备演讲大纲，确保在直播间能够顺利把直播内容的核心主旨，即要表达的“干货”表达清楚。如果思想发散了，“枝蔓”丛生，就会降低观众的收获感，观众没有办法领略到直播的深度要义。

（2）表达的“枝蔓”

有些人说话非常啰唆，明明一句话能说清楚的事情，非要长篇大论，不断重复非重点内容。现实中，很多人不懂得用简练的语言表达观点。这是因为“减字”比“增字”更难，“减字”需要更强的逻辑思维能力。一般来说，表达的“枝蔓”主要包括偏离主线和过度交代两种。

偏离主线即东拉西扯，很久都不能进入正题。为了剔除表达的“枝蔓”，主播应该把东拉西扯的内容全部舍弃。过度交代则是“用力过猛”的表现，即因为怕别人听不懂，所以尽量把事情说得十分详细。

要想剔除表达的“枝蔓”，仅做到不偏离主线或不过度交代是远远不够的。主播还应该使用“比喻”修辞手法，这样才能起到“四两拨千斤”的效果。例如，对于“如何看待喜欢你而你却不喜欢的人”这个问题，有人打了一个比方：对于那个喜欢你而你却不喜欢的人，他就像餐桌上的一盘苦瓜炒肉，虽然可以吃到肉，也能败火，但味道总是苦了一些。“苦瓜炒肉”这个比喻之所以很贴切，是因为这个比喻剔除了“枝蔓”，仅抓住了核心主线来描述。

思考和表达都是一种训练，主播要想剔除“枝蔓”，必须进行长期、有意识的练习。因此，主播在思考和表达时要有意识地剔除一些无关紧要的语言，这样才能在直播时提出更鲜明的论点及更充分的论据，以说服观众。如果频繁地东拉西扯、偏离主题，很容易让观众感到乏味，进而离开直播间，导致在线率不断下降。

1.3　新时代主播如何提升口才

有时候，卖出一件产品，可能就依靠一句话。但很多主播由于表达能力差，说话总是慢半拍，导致他们总是距离成功一步之遥。对于他们来说，培养表达能力是一个要点，但更重要的是想方设法提升口才，把自己想表达的东西最大化地输出给观众。

那么，究竟应该如何提升口才？关键点有三个：语言钉、视觉锤、讲故事。掌握了这三个关键点，只要主播愿意花费时间用心锻炼，口才就会有一个质的提升。当口才提升后，表达能力会更上一层楼，成交自然是水到渠成的事。

1.3.1　语言钉：你也能金句频出

“语言钉”是指凸显核心价值、特点的词语或金句，如“怕上火，喝王老吉”“今年过年不收礼，收礼只收脑白金”等。“语言钉”不仅可以帮助主播用一句话将产品的特点展示出来，形成产品的标签，还可以广泛传播成为话题，为直播间及主播增加关注度。

央视主持人朱广权曾为湖北的产品带货，因其全程表现高能、金句不断，不少网友看后直呼就像在上一节历史文化课。

例如，朱广权在介绍武汉热干面时从武汉的历史入手，他说：“武汉是历史文化名城，楚文化发祥地，春秋战国以来一直都是我国南方的军事、商业重镇。来到武汉有很多地方值得去转，比如你可以漫步东湖之畔，黄鹤楼上俯瞰，荆楚文化让人赞叹，不吃热干面才是真的遗憾。”这个介绍不仅描述了武汉悠久的历史文化，还强调了热干面在武汉美食中的重要地位。

然后，朱广权又让观众从历史中抽离出来，描述了烟火人间：“热干面看似泼辣，但是热心肠。你需要不断地翻转它、品它，细品才能品出它的滋味。这就叫人间烟火气，最抚凡人心。”这一番话使观众脑海中浮现出武汉街头人头攒动，人们在路边小吃摊上低头吃热干面的热闹画面。

最后，为了冲刺销量，朱广权还引用了一句歌词：“黄鹤楼，长江水，一眼几千年；老汉口，热干面，韵味绕心尖；愿亲人都平安，春暖艳阳天。”

整个描述从历史到日常，情景交融，而且还句句不离产品，不仅让观众在愉快的氛围中买了产品，还了解了产品背后的历史文化，可以说是集知识输出与卖货于一体。这样的“语言钉”为观众带来了不一样的消费体验，大大带动了观众的消费热情。我自己在直播时大概 10 分钟就会产出一条金句，如“不要对老师有期待，而是对自己有要求”“外求求一世，内求求一次”“无冕之王，才是王中王”“唤醒比教育更有力量”“落地一件小事，就能成大事”等，这些可以供大家参考。

语言的价值是不可估量的，主播需要深挖产品背后的内涵，将其与产品的功能及使用场景结合起来，形成“语言钉”，增加产品的记忆点，刺激观众消费。

我建议大家在平时要多积累和记忆各类金句、名言，做到在直播中能够脱口而出，展示自己的文学涵养。

1.3.2　视觉锤：直播间元素设计

很多主播在打造直播间时不重视视觉的作用。实际上，要想打响名气，不仅需要“语言钉”，还需要“视觉锤”。因为主播需要强化语言的视觉效果。右脑侧重关注视觉，进而向左脑传递信息，令左脑去注意与视觉相关的语言文字。“视觉锤”是将语言这个“钉子”钉入观众心底的工具，其创造的可视度远超过文字的范围。

“视觉锤”理论由劳拉·里斯（Laura Ries）提出。她认为传统的定位理论主要依靠文字的力量在消费者心中占据一席之地，这显然是有缺陷的。主播要想深刻、长久地在观众心中留下印象，还需要视觉上的辅助和配合。有时候，视觉的力量甚至大于语言的力量。

人的左右两个大脑半球分工不同。左脑是语言思考区域，是线性、理性的；右脑是意象思考区域，是图像性、感性的。如果主播想在观众心中留下深刻印象，最好的方法是通过“视觉锤”快速吸引观众注意。

下面介绍如何设计直播间的视觉元素。

（1）服装

主播在镜头前的形象会被放大，所以需要特别注重自己的着装和外形。例如，穿职业装会给人严肃、正式的感觉，穿棉麻衬衫会给人放松、休闲的感觉，穿蕾丝花边连衣裙会给人俏皮、女性化的感觉。有些男性主播为了让自己显得儒雅，会选择穿中式棉麻的服装，给观众呈现一种淡然随和、有文化气息的整体形象。

除了款式的选择，面料的选择也非常重要。一般越柔软的面料越能给人以放松的感觉，而越硬挺的面料越能展现气场。我们需要根据直播的主题、内容及个人的人设选择服装风格。

（2）场景布局

除了主要人物的着装和外形，场景的布置也能影响观众的认知。例如，我们可以使用 KT 板（由聚苯乙烯颗粒发泡生成的板芯）呈现直播主题，让观众进来就能知道这个直播间的主题是什么，如图 1-8 所示。

图 1-8　用 KT 板展示直播主题

此外，我们还可以在直播间摆上一些花草和装饰品，增加生活气息。这样可以给观众更加自然、放松、舒服的感觉，让他们对直播内容更有好感。

直播场景也需要配合直播主题和内容进行布置，增加一些与内容相关的物料，可以让观众更有沉浸感和代入感。

（3）灯光

在直播过程中，灯光的运用也很重要。灯光打得好，场景和人物都会更加漂亮、好看。一般直播间需要四盏灯，正前方有一盏灯，左右两边斜角 45 度各有一盏灯，后面还需要一盏补光灯，如图 1-9 所示。

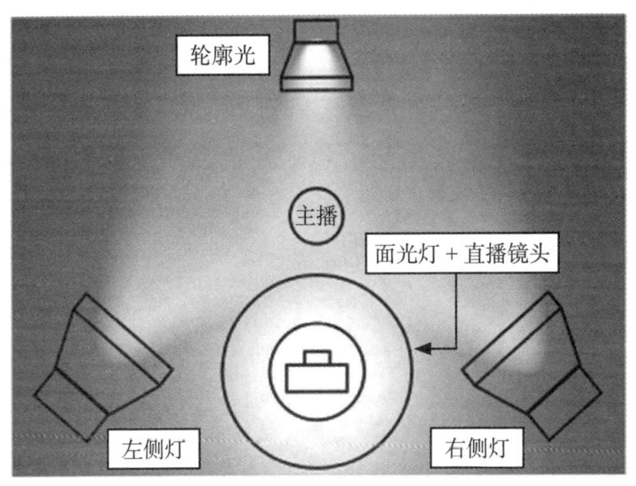

图 1-9　灯光位置

灯光可以衬托氛围，但不同的场景需要设置不同的灯光营造氛围。冷色光和暖色光可以在不同程度上影响人的情绪，冷色光容易使人冷静、理智，暖色光容易使人温暖、冲动。此外，还有蓝光、黄光、绿光、红光等彩色灯光，适合制造魅力四射的光影来渲染气氛。使用合适的灯光，有助于提升直播的品质；使用不合适的灯光会降低直播质量。

（4）色彩搭配

除了灯光，直播间色彩的应用也很重要。我有一个标签叫作色彩导师，我会在课程中教学员如何运用色彩传递情绪，与观众产生共鸣。下面介绍几种常用颜色代表的情绪特征。

红色象征热情、活泼、张扬、吉祥、乐观、喜庆，给人热情、积极的感觉。

橙色象征快乐、能量、社交、友好、温暖、阳光，给人温柔细腻，有生命力的感觉。

绿色象征自然、富足、鲜活、生命、和谐、环境、新生、成长，会让人感受到生机，通常被认为是象征着内心平静的颜色。

蓝色象征保守、稳重、可靠、诚信、平静、安全、酷，是最流行的企业颜色，会让人产生信任感。

紫色象征可爱、梦幻、高贵、优雅、灵动，有高贵、高雅的寓意。淡紫色可以给人愉快之感。

白色象征清爽、无瑕、冰雪、简单、圣洁。大面积的白色会有壮阔之感，给人以包容的感觉。

每种颜色都表达出了不同的生命力和生命状态，主播可以用不同的颜色表达直播的主题和自己的状态，在潜移默化中影响观众。

主播应该好好利用“视觉锤”理论抓住观众心理。在打造一个直播间前，主播首先要确定直播传递的核心内容，然后以此为基础建立“视觉锤”，打造一个气氛和谐、颜色丰富、各种元素相得益彰的直播间。

1.3.3 讲故事：让观众产生共鸣是关键

现代学者陆刚曾说：“我们对故事的嗜好反映了人类对捕捉人生模式的深层的需求。这不仅仅是一种纯粹的知识实践，而且是一种非常个人化的，非常情感化的体验。”以故事为载体的传播形式能够吸引观众，并且消费转化率也相当可观。因为故事更容易调动观众的感性思维，让他们因为共情、感动、快乐等情绪而留在直播间。

好故事的要素

讲故事一定要让观众产生共鸣。要想讲好一个故事，主播就需要考虑好故事的各个要素，如图 1-10 所示。

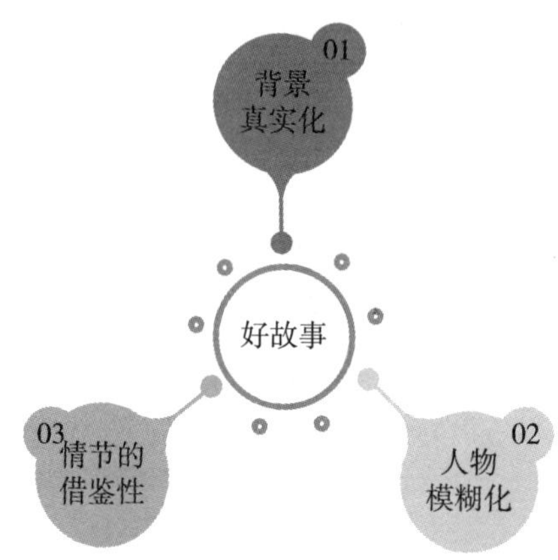

图 1-10　好故事的要素

（1）背景真实化

主播要尽可能地选取真实的生活情境作为故事背景，使故事更加贴近观众的生活，让观众感受到故事的真实性，从而引起他们的思考与共鸣。

例如，某汽车主播和他直播间的观众闲聊："我最近特别倒霉，前两天车被别人撞了一下，今天 4S 店的工作人员打电话让我去签一份协议。我纳闷修车还签什么协议？结果我一看，协议上写着如果部件在运输过程中损坏，要自行承担损失。我才想到我这车的零件只能从国外进口，国内买不到。"

这看似只是和观众的闲聊，其实这个故事很真实，又容易引起观众的共鸣。而且，主播还可以通过这个故事顺势引出进口车保养及维修的话题，所以这个故事非常适合用在直播开始时吸引观众注意。

有一次，我本想买一套大别墅做直播，大概要花 500 万元，之后每个月还要还月供 5 万元。我在直播间就讲了这件事情：“在当今的时代背景下，钱可能会给我们的创业带来压力，所以我们可以选择轻创业的方式，保持更纯粹的初心，不在压力下做有压力的决定，坚持自己的创业初心。”这件事情就引起了很多人的共鸣，我也可以就这个话题展开其他内容。

（2）人物模糊化

放弃一部分人物设定，不需要将人物的能力、经历和性格描述得太详细。虽然人物描述得特别详细能使人物形象更加鲜明，但是也可能会使没有经历过这些事情的观众感到迷惑，从而降低观众对故事的代入感和共鸣。

例如，某美妆主播在直播时对观众说：“我每次化完妆出门前都要照一下镜子，转一圈，看看衣服搭配是否合理，然后出门。”这个故事很简单，没有强调主播的化妆和穿搭技巧，也没有强调衣服的价格，而是描述了每一个爱美的女生都曾经历过的场景，非常有代入感，也就更容易让观众因为这个共同的习惯而亲近主播。

例如，主播讲到早起和自律的矛盾，就可以说：“每天早晨醒来，都要多定几个闹钟，响了第一个闹钟后，和自己说还有机会缓缓，等第二个闹钟响再起床。”熟悉的状态很容易引起观众的共鸣，让观众与你一起进入下一个话题。

如果主播不能快速引起共鸣，直播间会很快失去吸引力，因为观众会觉得主播说的场景跟自己没有关系。

（3）情节的借鉴性

大多数故事并非独一无二的，可能拥有相似的情节，而这些情节大多借鉴了普通人的经历。所以，很多互联网公司创始人的故事看起来都很相似，但毫不影响故事的有效性。情节的借鉴性不仅能使故事情节更有看点，也更能让故事受众产生共鸣。

例如，很多美食主播都会讲一些自己做饭“翻车”的故事，这些故事都大同小异，包括记错步骤、用错食材、忘记关火等。因为并不是所有观众都擅长做饭，主播讲一些自己失败的故事，更能引起观众的共鸣，让他们相信跟着主播也能成功做出美食。

能够让故事的受众产生共鸣的故事就是好故事。主播可以利用一些技巧，如借鉴常见的冲突、矛盾，对故事进行组织和润色，让观众深有同感，促使观众更加信任主播。

即使听故事的观众不能全部被转化，但他们也可以成为直播间的传播者。故事可以成为话题，让观众在下播后继续讨论主播，主动帮助主播扩大影响力。

有冲突才更能引起观众的好奇，他们才会选择继续观看直播。我曾经在课程中提出一种五感讲故事法，可以帮助你更好地与观众产生共鸣。

用五感法讲故事

如何讲一个好故事？一般细节越丰富，观众越能产生共鸣。因此，我们可以通过调动观众的五感，即视觉、听觉、嗅觉、味觉、触觉，使他们产生身临其境的感觉。

（1）视觉

视觉表达的方法有两种：一是创造人物对话，二是使用外表描述。

①创造人物对话

对话在讲故事时经常被用来创造场景。如果你可以模仿两个人的对话，让观众像看电视剧一样形成画面感，就可以让故事更吸引他们。

我与学员连麦时经常会问他们三个问题。以一位做文案课程的学员为例。

问：你为什么会在这么多线上创业的方向中选择文案这个方向？

答：因为文案这个技能好上手，只要通过简单的逻辑训练，就能帮助别人写出非常好的文案。

问：你的文案课程的特色是什么？

答：我可以帮助学员做一对一的文案修改，可以让学员明显看出学习课程前后的变化。其他课程只教授方法，我还会帮助学员做优化，让他们在优化中进步。

问：你现在可以告诉我使用什么样的方式来报你的课程，你的课程很贵吗？

答：这个很简单，今天在直播间加我的伙伴，我可以将文案的逻辑和价格发给他。

这样的对话不仅帮助产品做了宣传，还让观众更有代入感。

②外表描述

故事中主人公的外表描述能增强人物的画面感。例如，朱自清的散文《背影》中对父亲外貌的描述就非常经典。

> 父亲是一个胖子，走过去自然要费事些。我本来要去的，他不肯，只好让他去。我看见他戴着黑布小帽，穿着黑布大马褂，深青布棉袍，蹒跚地走到铁道边，慢慢探身下去，尚不大难。可是他穿过铁道，要爬上那边月台，就不容易了。他用两手攀着上面，两脚再向上缩；他肥胖的身子向左微倾，显出努力的样子。

在上面这段文字中，作者描述了父亲的衣服、体态、动作。这些细节使人物更加立体，让读者记忆犹新。

因此，当我们要在故事中描述一个人物时，不如先介绍他的穿着、身高、体态、特征，这样会让观众对人物产生更深刻的印象。

(2) 听觉

在故事中加入一些拟声词能让故事更有趣。例如，描述一个人紧张时，你可以这样说：“还有 10 分钟就要开播了，我摆弄着手机，听见心脏在扑通、扑通地乱跳。”

（3）触觉

触觉是由皮肤受到刺激而产生的感觉。如果我们将其描述出来，就可以影响观众的情绪。例如，我这样描述自己第一次直播时的样子："记得第一次直播时，我十分紧张，双手不由自主地攥成了拳，指甲都把手心抠痛了，后背也一阵阵地冒冷汗。"

这句话非常好地表达了我的身体感受，"指甲把手心抠痛"这种描述能更快地让观众代入情感，使其产生类似的感觉。

（4）嗅觉

嗅觉可以营造氛围，让故事更加生动，使观众仿佛身临其境。例如："我开车到郊区游玩，走到半路，忽然闻到一股花香，转头一看，原来马路边是薰衣草种植基地。"

（5）味觉

你在观看美食节目时有没有过流口水的冲动？这是因为节目调动了你的味觉，让你产生了同样的感受。因此，我们在讲故事时也可以描述食物在嘴里的味道、口感，以引起观众的兴趣。

例如："我给大家推荐的这款草莓蛋糕，一口吃下去，首先能感受到松软的奶油味，接着可以品尝到一股浓浓的芝士味，最后还混合着草莓的清香。甜而不腻，幸福感满满！"

用五感法讲故事，可以通过对细节的描绘，将我们的故事转化为一部"3D 电影"，让观众不仅能听到，还能看到、感受到、闻到、尝到。这样可以让观众随着故事情节的变化产生更多难忘的感受，从而与主播产生共鸣。

1.3.4 人人都能成交的表达公式

提升口才的目的是成交，但成交是很多人直播时的一个痛点。有些主播的直播间气氛火热、互动频繁，但一到下单时却哑火了，成交数据惨不忍睹。究其原因，还是主播不会表达。下面我为大家介绍一个人人都能成交的表达公式，帮助你轻松突破万元成交额。

变现表达 = 痛点 + 产品优势 + 案例 + 成交主张

（1）痛点

观众为什么要购买产品？原因很简单，观众有需求没有被满足，需要你的产品来解决问题。这就是观众的痛点。我们在表达时要清楚地将这个痛点说出来，让观众感知到我们的价值。

例如，我在销售一款茶具时可以这样说："一般茶具泡的茶，都不能隔夜饮用。隔夜茶不仅口感不好，还对身体健康有害。但我们的茶具有非常强大的保鲜功能，即使茶隔夜了还是非常清甜，让你在火车上或者户外都能喝到新鲜的茶水。"出差在路上也能喝到新鲜茶水，这就是痛点。

（2）产品优势

产品优势就是产品的功能特点，这是产品最基础的价值。主播要想让观众与自己成交，而不是与销售同类产品的其他主播成交，就要学会利用描述前后体验来体现产品优势。

例如，我销售一款护肤品时可以这样说："我的一个客户，皮肤特别干燥，夏天时脸上还紧绷起皮。用了这款护肤品，刚开始有点刺痛。坚持涂了一周，皮肤就不起皮了。使用了一个月，皮肤饱满得能掐出水来。"像这样直接介绍产品，带货效果通常不错。

（3）案例

产品故事是成交表达中不可缺少的一部分，生动的案例可以让产品的价值更丰富（赋予产品额外的精神价值）、形象更饱满。

例如，我有一个卖水果的朋友是这样形容自己卖的水果很新鲜的："我有一次众筹了一批 20 万元的樱桃，但是这批樱桃从产地运过来耽误了五六天，有些就已经烂掉了。我当时想了半天，决定不发货，给预订樱桃的客户挨个打电话，告诉他们樱桃发不了，可以给他们换成橘子或者其他水果。熟悉我的老客户都知道这件事，我们家的水果绝对保证新鲜。"

这个故事不仅侧面反映了主播的水果新鲜，还展示了主播诚信经营的态度，为产品增加了一层保障。

（4）成交主张

观众是否做出最后的成交行动，还会参考主播的成交主张。成交主张由价格和风险组成。价格就是主播为产品设置的价格，而风险就是观众购买产品会承受的风险。

人们在购买产品前，大脑会快速思考以下问题。

①产品真的有用吗？

②这个产品值这个价格吗？

③产品出现问题，我能获得帮助吗？

④如果我不喜欢产品，能退货吗？

主播要用成交主张消除观众的顾虑，才能让他们快速下单。例如，主播可以说："产品供您免费试用，如果您不喜欢，就可以申请全额退款。此外，我们还会赠送您运费险，让您不多花一分钱。"

有了这个公式，实现付费的零风险承诺，主播就能轻松实现变现表达，从此告别销量不佳的烦恼。

第2章 ／ 活跃气氛：用你的口才避免直播冷场

口才好的主播对直播过程中的各种情况有着很强的灵活应对能力，可以避免冷场，如回应观众质疑、调动直播气氛、弥补直播失误等，保证直播间的气氛长时间处于活跃状态。然而，活跃气氛并不是一件很容易的事，需要主播的刻意练习与实践。本章将传授给你一些理性的表达技巧和感性的表达策略，以帮助你迅速调动气氛，从此告别冷场的烦恼。

2.1 开场时，气氛必须活跃

演讲界有一句比较流行的话：开场做得不好，就等于白开场。的确，当你开口说第一句话时，就要说出某些让人感兴趣的话。其实直播也是如此，一段足够有吸引力的开场可以立即抓住观众的注意力，给观众留下深刻且良好的第一印象，使观众对直播甚至对主播本人产生强烈的好感。所以，想让直播间始终保持高人气，主播必须在开场时就让观众眼前一亮。

2.1.1 开场白：礼貌且不失幽默

开场时的气氛烘托十分关键，能在一定程度上影响直播的效果及最终的产品销量。因此，主播在直播时需要用一段开场白活跃气氛。

如果直播刚开始就直接进入正题，可能会给观众一种突兀的感觉，让观众难以跟上主播的节奏。主播不妨以眼前的人、事、景为话题引申开来，使观众不知不觉地融入直播氛围中。例如，主播可以先和观众聊现场的布置、当天的天气、自己当下的心情、直播助理的穿搭等。

主播通常希望在直播开始时就和观众拉近距离，建立情感纽带，让观众对自己的直播有强烈的兴趣，并且能够长久地在直播间停留，而一个好的开场白对观众的留存十分重要。主播可通过以下方法设计自己的开场白。

（1）直接念出观众的昵称

“欢迎 ×× （观众的昵称）来到直播间！”

主播在看到直播间出现陌生的观众时，可以直接念出这些新观众的昵称，让他们感受到自己被重视。因为被他人尊重、重视也是人们的一种需求。一般来说，观众听到主播念自己的昵称时，内心都是喜悦的，因此便会在直播间多停留一会儿。例如：“欢迎小豪来到我的直播间！”

（2）开展促销活动

“大家晚上好啊，今天开场就给大家送福利，出厂价 1000 元的产品，今天我给到大家 199 元的价格，心动就赶快行动吧！”

在新观众短暂被留住的这段黄金时间内，主播需要使出浑身解数使观众在直播间停留更长时间，甚至完成转化。主播需要强调这个开播福利有时间限制，只是为开播时来看的观众准备的，到一定的时间就会结束，后面进入直播间的观众将错过这个福利。

开播福利可以是一件低价的引流型产品，也可以是弹幕抽奖。例如，在视频号直接挂抽奖福袋。总之，目的是迅速提高直播间的人气，为下一阶段的直播奠定流量基础。

(3) 说明送福利时间和福利内容，留住观众

"宝宝们，8 点半，我们还有发红包活动；9 点半，我们有个抽奖活动。关注主播，才可参与哦！"

"你看累了可以离开一会儿，但今晚 8 点有重磅福利，一定要回到直播间！"

很多观众在开播福利活动结束后便会退出直播间，此时主播需要及时用新的福利留住观众，并且需要表明活动时间，给观众继续观看下去的动力。

需要注意的是，活动与活动之间的间隔不要太久，否则观众会失去继续等待的耐心，不利于观众的留存。

此外，主播送的福利和对抽奖产品的介绍也很重要。例如："宝宝们，现在抽奖袋中挂的是'边演边说' 30 分钟语音课，是让你的演讲更灵动、更有魅力的秘籍，学会了就能让你的演讲魅力倍增！"如果有人需要这个福利，那么他就会积极参与抽奖，配合转发或停留在直播间观看直播。

2.1.2 拉近距离：4 种方法迅速与观众变熟悉

开场是主播建立自己与观众之间的联系，尽快与观众变熟悉的环节。直播时，如果主播可以从一开始就与用户变熟悉，那么将极大地提升观众的参与度和留存率。以下是 4 种有效的方法，可以帮助主播在开场阶段迅速与用户拉近距离。

方法一：个性化问候与互动

根据直播的主题、时间或特定节日，用亲切、个性化的语言向观众打招呼。例如，“晚上好，亲爱的书友们，欢迎大家在美好的周五晚上来到我们的读书直播间！”这样的开场问候能够迅速拉近主播与观众之间的距离，让观众感受到被重视和欢迎。

关于互动，主播可以在开场时提出一些简单、有趣的问题，引导观众在弹幕或评论区留言。例如，“大家现在是刚下班，还是已经准备开始过周末了？”提问能够激发观众的好奇心，增加观众的参与度。同时，主播也能从观众的回答中了解其背景和兴趣。主播也可以设置互动环节，邀请观众参与一些简单的互动，如点赞、分享直播间等。例如，主播可以在开场时说：“大家能不能帮我点个赞，分享一下直播间？这样直播间就能吸引更多我们的朋友了！”

方法二：分享个人经历与直播背景

主播可以简单地分享与直播相关的个人经历或故事，增加亲和力。例如，“我今天要跟大家分享的内容，其实是去年我在旅行中遇到的一个小故事，当时……”这样主播能够展示自己的真实性和专业性，增强观众的信任感。

在开场时介绍直播背景也可以让主播迅速与观众变熟悉。主播要解释选择做直播的原因，以及为什么觉得自己的直播间值得分享。例如，“最近我发现大家对理财很感兴趣，所以我特地准备了这个系列的直播，希望能帮助大家更好地管理自己的财务。”介绍直播背景有助于观众更好地理解直播的主题和内容，提高他们对直播的期待。

方法三：预告直播内容

开场时，主播可以预告接下来的直播会有哪些内容，让观众对即将呈现的内容充满好奇心。例如，“今晚我会为大家带来一场关于 ×× 的深度解读，还有 ×× 的独家分享哦！大家敬请期待吧！”这样的预告能够激发观众对直播的兴趣，促使他们更关注接下来的直播。

方法四：准备开场小游戏

主播可以在直播开始前或开始时设计一些简单、有趣的小游戏，如抽奖、猜谜语、快速问答等。例如，“让我们先做一个小游戏吧，第一个在弹幕中打出正确答案的朋友将获得我们的神秘小礼物哦！”这样的小游戏能够迅速活跃直播间的气氛，吸引观众的注意力，同时也有利于扩大直播间的曝光度。

2.1.3 克服紧张：做好表情管理

有些主播进入状态比较慢，导致开场时显得非常紧张、不知所措。但无论是主播开场时的状态，还是在直播中的表现，都将决定观众是否愿意购买产品。观众喜欢观看直播的很大一部分原因在于直播能使他们放松精神，他们普遍喜欢观看从容大方、表情自然的主播的直播。因此，为了给观众带来视觉上的享受，防止出现粉丝量增长缓慢、销售额不理想的情况，主播要重视表情管理，充分地调动直播间的气氛。

例如，主播在试穿衣服时，可以通过稍微夸张的语言描述与肢体动作表达自己对这件衣服很满意，并向观众传递“你穿也一定会好看”的信号。适度的夸张能够让观众感受到主播的积极与热情，带给他们一定的感官刺激，从而使其对产品产生好感，促使其购买。

下面我将介绍三个技巧，让主播的表情、语言、动作更有感染力。

（1）找到最适合自己的笑容

笑容是主播拉近与观众距离的利器。一些主播本就拥有颜值高、气质佳的优势，如果主播能找到最适合自己的笑容，就可以让自己看起来更赏心悦目，让观众更有好感。

①露齿笑

露齿笑是比较夸张的表情，如果处理不好，容易让整张脸显胖。在露齿笑时，主播可以在嘴角发力的同时，让下巴向下伸展，这样会让脸更上镜。

②抿嘴笑

露齿笑很有感染力，但不是所有场合都适用。抿嘴微笑适用的场合更多，更能体现一个人的端庄大方。但需要注意的是，如果主播的门牙较大、较宽，则不适合抿嘴笑。

③眼神传递

主播对着镜头，要像对面坐着一个人一样，认真专注地看着对方，让观众感觉到话就是对他说的。

（2）培养亲和力

人在不经意间容易做出一些不好的表情，这在日常交流中可能没有什么影响。但当主播面对直播镜头时，这些不好的表情会被无限放大，让观众反感，甚至会被截图，成为主播不敬业的证据。因此，主播要注意增强自己在这个方面的意识，让自己在镜头前更亲和，避免出现冷漠的神态和凶相。

①眼神

改善无意识的冷漠眼神的方法就是有意识地让眼轮匝肌（见图 2-1）稍稍用力地往上抬，这样会让人看上去温柔很多。

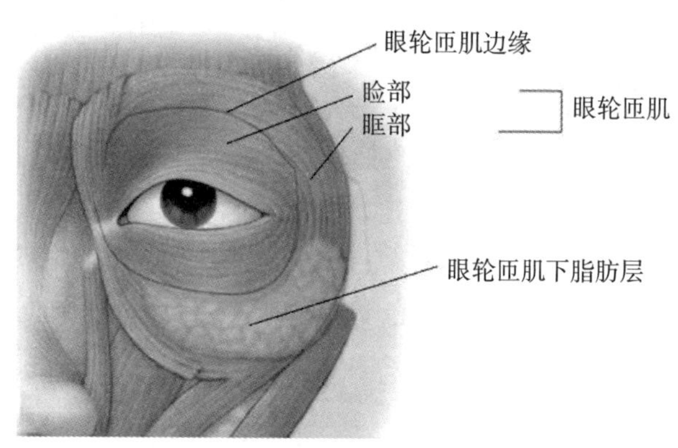

图 2-1　眼轮匝肌

②嘴角

无意识的嘴角向下会让人看起来不高兴或不可亲近。因此，主播可以练习微笑，改变嘴角线条，让身体产生记忆，使自己在直播时保持更放松、更自信的姿态。主播不要刻意用力微笑，这样会显得很僵硬。如果没有时间练习，主播也可以通过彩妆调整嘴角。例如，用阴影修饰出微笑唇。

（3）注意说话时的表情管理

在直播间，主播需要不停地说话，一说就是好几个小时。除了做好上述两种静态的表情管理外，主播还要注意说话时的动态表情。一个人说话时的表情是其内心想法的折射，仅靠表演是注定不能长久维持好状态的。主播可以通过调整心态来调整自己的表情，从而使表情更自然。

①心态真诚，眼神也会更轻松和从容

主播可以目视前方，想象镜头前有一双眼睛，盯着这双眼睛，自然地表达自己的想法。

②让自己处于舒适的状态

穿着自己喜欢的衣服，身处让自己赏心悦目的场景，人会自然而然地消除拘束感，说话时的表情也会更自然。例如，主播可以在直播间放一些喜欢的花茶、熏香或字画，以营造整个直播间的氛围感。

③减少不必要的表情

主播要学会控制，少做无意义的表情，减少负面表情出现的概率。

④打造直播好状态

很多主播在直播时都想带给观众好的感受，但观众的感受是一个很模糊的概念，没办法清晰地表达出来。主播给观众的印象是日积月累的。例如，有些主播喜欢在直播间给自己泡一壶茶，拿着一杯茶或一把扇子，整体呈现出舒适且从容不迫的氛围，然后通过一次次直播的强化，将这种氛围与个人气质进行融合，就会给观众带来一种独特的感受。

2.2 直播时，如何避免冷场

现在的直播圈竞争越来越激烈，很多主播在直播间卖货，不仅销售业绩惨淡，还经常冷场。在这样的大环境下，如何吸引观众，让观众“路转粉”，已经成为让大多数主播头疼的问题。其实，如果你会活跃气氛，保证直播间不冷场，你的直播就成功了一大半。那么，直播时，如何避免冷场呢？本节就来解决这个问题。

2.2.1 拒绝冷场：主动寻找话题

有些主播在直播时喜欢照本宣科，台本写什么，自己就说什么，甚至在销售产品时念产品详情页。这样的做法会对直播效果有负面影响。首先，照本宣科，与观众缺乏互动，会出现冷场的情况，即主播自己说自己的，观众自己忙自己的；其次，照本宣科会让观众认为主播对自己讲的内容并不了解，甚至认为主播的业务能力有限，从而导致观众对直播失去兴趣和好感。

如何增加互动话题，避免冷场呢？主播可以利用开放式的问题引导观众参与互动。例如，一个演讲教练可以说：“我刚接触直播时，一上播就紧张，会发抖、忘词。讲了很久，也讲得很起劲，但就是没有人下单。你有过这样的经历吗？”

开放式问题可以引发直播间观众思考，让观众发表自己的想法，增强参与感。在直播间热度不高甚至有些冷场时，主播想让观众活跃起来的最好方法就是提出一些开放式问题。

此外，主播还可以利用开放式问题强调产品的特点。例如，在介绍一款零食时，主播可以以该零食独特的口味引导观众互动。主播可以说：“这款零食竟然是香菜口味的。我知道有很多观众朋友不能忍受香菜的味道，但我个人很喜欢吃香菜，所以可以请这部分观众告诉我，你们不喜欢吃香菜的原因吗？”这时观众就会积极地发表自己不喜欢香菜的原因或表达自己对香菜的看法，与主播进行互动。

在冷场时，主播提出的开放式问题能够引导观众参与讨论，快速提升直播间的热度。在直播间热度较高时，主播提出开放式问题也能让更多观众参与讨论，使直播间热度不断攀升。

2.2.2　娱乐精神：与粉丝谈论热点事件

直播主题与时事热点相结合能够增加主播直播内容的曝光度，为直播引流。而观众对直播内容的讨论和分享也会提高直播的曝光度，进而吸引更多人观看直播。

“直播 + 热点”已经成为主播规划直播内容的重要法宝，其优势主要表现在以下三个方面。

（1）有利于完善产品

将直播主题与时下热点结合的推广方式，会引发观众对产品应用场景的想象，进而转变为对产品的购买需求。在这个过程中，主播可以通过观众的反馈更加清晰地了解他们的需求。这有利于主播在今后的直播中选择更合适、更能吸引观众注意的产品。

（2）有利于培养忠实粉丝

主播与观众讨论热点问题是展示自己三观、表明自己态度的良好时机。在与观众进行多次沟通后，主播在观众心中的形象会更加立体。良好、立体的形象能够提高观众对主播的认可度，进而成为主播的忠实粉丝。

（3）有利于增加流量

流量的增长不是单纯靠增加人手、花钱做推广就能实现的。而且，流量的增长不是短时间内就能实现的，而是需要长时间的积累与维护。利用当下热点是快速引流的有效方法，能够迅速提升主播的曝光度。

热点来得快，去得也快。主播需要挖掘热点事件本身蕴含的内在道理，借助热点维持自己的直播热度。主播可通过以下三步，利用热点轻松引流。

第一步，主播在利用当下热点进行引流时，要总结热点背后隐藏的干货，并结合自己的观点将干货讲述给观众。

第二步，主播要将热点与直播内容相结合，使其成为直播内容的亮点。主播可以以热点为主题设计直播脚本，也可以寻找直播间的热销产品与热点的关联，达到引流的目的。

第三步，即使热点事件的讨论热潮过去，热点对人们造成的影响也会持续一段时间，主播要充分利用这段后续影响期，开发热点周边事件，实现当下热点的二次引流。

2022 年 7 月 8 日，容声冰箱开了一场沉浸式茶艺直播。该直播以“点茶话鲜，共赴梦华”为主题，以热播剧《梦华录》中的场景为直播场景，向观众讲述我国茶文化的知识。

容声冰箱特邀专业茶艺师五月进行现场茶艺表演及点茶教学。置茶入壶、提壶闻香、高空冲泡，五月展现了专业、优雅的茶艺功夫，让观众身临其境地感受到我国茶文化的魅力。

除了茶艺表演外，五月还为观众讲述了茶叶特性、泡茶手法、储茶知识等，让每个观众对茶文化都有了更加全面的认识。

以《梦华录》为噱头，以茶为话题，直播间引出了“特别嘉宾”，即“储茶能手”容声 WILL559 健康冰箱。口感和香气对茶这种饮品来说非常重要，茶叶的品质与它的存放环境息息相关。容声 WILL559 健康冰箱可以为茶叶提供一片“纯净”的储存环境，防止异味干扰。

此次直播借助《梦华录》这部热门电视剧吸引了很多人关注，容声冰箱不仅为观众普及了茶文化，还推广了自己的产品，受到了观众的广泛好评。

虽然利用当下的热点信息规划直播主题会给主播带来很多好处，但是主播也要选择合适的热点信息，将其与自己的直播内容结合。如果热点与产品的相关度不高，或者主播将二者结合得不恰当，就会让观众认为主播是在蹭热度。这不但不能为主播引来新的流量，还容易使之前的观众脱粉。因此，主播一定要认真分析并选择合适的热点，才能够借助它为自己引流。

2.2.3 区别称呼：让观众感受到被关注

差异化是设计内容和产品的重要原则。直播间的差异化体现在各个方面，其中区别称呼是非常重要的一点。主播在直播时一定不能用“消费者”“观众们”等比较大众化的称呼与观众互动，这样会让观众感觉自己与主播的距离很远，从而产生不信任的心理。主播可以使用“亲们”“宝宝们”“姐妹们”“老铁们”“家人们”等称呼拉近自己与观众的距离。具体使用什么称呼，主播可以根据直播的内容和账号定位进行选择。

例如，在新观众进入直播间时，理财主播可以对他们说：“新来的宝贝点一下直播间右上角的关注按钮，我每天都会为大家讲解一个理财小技巧。”

再如，在老粉丝进入直播间时，主播可以用熟稔的语气和其打招呼：“×× 又来看直播啦！今天的课程干货满满，一定不要走开哦。”

需要注意的是，不同平台的主播对观众的称呼也各不相同。抖音平台的主播更倾向于称呼观众为“宝贝”“宝宝”等，淘宝平台的主播更倾向于称呼观众为“家人”“小姐姐”“亲”等，快手平台的主播更倾向于称呼观众为“老铁”，而视频号的观众一般来源于社交平台，主播更倾向于直接叫观众的名字。

2.2.4 即兴回答：让观众更了解自己

主播与观众的有效沟通是十分重要的。为了实现更好的沟通效果，主播在与观众沟通的过程中，可以增加一个即兴回答观众提问的环节。通过这个环节，主播可以拉近和观众的距离，向观众展示自己真实的一面，同时也可以活跃直播间的气氛，由此引出其他新话题，缓解冷场。在即兴回答观众提问时，主播需要注意以下几个方面。

（1）回答的时机

与观众互动时，提问的时机很重要，主播可以让观众先听听音乐，放松一下，随后再进入提问、聊天环节。这样可以给观众一个缓冲、准备的时间，让他们以专注的状态参与互动。如果观众不知道问什么，主播可以先解答平时评论区讨论得最热烈的问题，引导观众逐渐进入状态。为了保持直播间热度，提出最后一个问题后，主播可以不把话讲完，留一半下次再聊，这样可以吸引一部分观众再次观看直播。

例如，以前我在抖音上做直播，讲色彩专题。一开始讲红色的色彩特质和色彩性格，留下性格多样化的话题让观众思考。接着，第二天讲橙色，第三天讲黄色，第四天讲绿色……就这样一种种颜色讲下来，吸引了很多观众奔着这个话题来看直播。

（2）提问的方向

关于讨论的问题，主播要引导观众朝着与自己直播间的内容定位相关的方向提问，以此强化自己的人设和形象。

例如，我是魅力演讲教练，主要讲线上直播创业，那么我就会把演讲类话题作为提问的方向，让更多人对主播有一个直观的印象。

（3）回答的节奏

虽然即兴回答是一个以观众为主导的环节，但主播也要把控好节奏。

首先，主播要预先收集一些平时评论区讨论得最多的问题，对观众的提问形成基本的预判。这样主播不仅能够从容应对观众的提问，还可以应对观众问不出问题的情况。

其次，主播不能总是照搬之前准备好的答案，而是要根据直播过程中观众的提问，结合实际交流的情况，对答案做出调整。例如，增加说明时间、跳过一部分内容等。

互动问答的节奏需要根据观众提问的水平和深度来把控。主播要尽量快速跳过小众的问题，对大部分人感兴趣或有深度、大众都想探索的问题进行更详细的解答。

（4）先回答要点，再回答背景

在即兴回答问题这个环节，观众的流动性很大。如果主播不能针对问题的要点进行回答，观众就可能会直接退出直播间。因此，主播回答观众提问，要先回答要点，再回答背景，在数十秒内将想要说的重点问题说清楚。

在直播互动过程中，即兴问答发挥着重要的作用。观众可以通过提问满足自己对主播的好奇心，从而在情感上更信任主播。同时，主播也能通过积极回答观众的问题获得所需的信息反馈，并进一步拓展话题。问答互动在知识付费领域，尤其能够显露主播的专业水准。

第3章

品牌建设：通过品牌与 IP 解决信任危机

在过去的几年里，直播市场可谓一片繁荣，越来越多的主播希望通过自己的影响力为观众推荐性价比更高的产品，自己也能从中获得相应的回报。然而，随着竞争不断加剧，直播风向正在发生变化，直播市场也逐渐回归理性。

以往，大多数主播都将重心放在短期效益上，不重视品牌建设。现在进入了新消费时代，观众不仅对产品的要求越来越高，还十分关注主播的个人形象。在这种情况下，品牌建设将成为一个重要的竞争手段，每一位主播都应该用心打造品牌，以赢得更多观众的认可和信任。

3.1 建立信任：打破信任危机

对于主播而言，让观众信任是做好直播，使销量倍增的基础。本节对建立信任的相关问题进行探讨与分析，为主播提供实用的方法和技巧，希望帮助主播尽快打破信任危机。

3.1.1 凸显质量：多说产品质量，赢得信任

许多主播在直播时可能遇到过这样的问题：观众认为主播销售的产品不靠谱，甚至会把主播当成骗子。不可否认的是，观众普遍更愿意相信拥有百万粉丝的主播，认为他们有一定的公信力，不会销售质量不过关的产品。这种情况在抖音尤为明显，因为抖音是以流量为基础的直播平台。

产品是主播进行直播的内容，也是主播与观众建立信任的媒介。因此，主播要格外重视产品的质量。主播销售的产品质量高，不仅可以提升主播的口碑，还会进一步巩固主播的个人品牌。如果主播销售的产品出现了问题，那么观众必然会对主播大失所望，主播的形象也会受到影响，从而出现大量粉丝“脱粉”的现象。

主播要想让观众信任自己，必须对自己的产品质量严格把关。在正式直播前，主播要通过试用、测试等方式切实地感受产品的质量，或者让观众亲身感受到产品的实用性。当然，这里也包括知识付费产品。久而久之，观众就会看到主播的诚意，并愿意主动购买产品。

此外，主播还可以与知名度较高、信誉有保障的供应商合作，

让观众对产品的质量少一些质疑。而且，主播需要保证销售的产品为正品，否则会为自己带来很大的麻烦，如直接失去观众的信任、直播间被封等。

3.1.2　专业讲解：用专业的介绍让观众认可

在大多数情况下，观众可能只知道自己需要购买什么产品，但是并不太了解与产品相关的专业知识，而作为产品销售者的主播却不能不了解自己销售的产品。随着直播领域的竞争越来越激烈，喊口号的销售方式已经难以让观众对主播产生信任。主播要想与观众建立信任关系，就必须对产品进行极具吸引力的讲解和介绍。

FABE 法则是介绍产品的方法之一，能够帮助主播更系统地向观众传递产品的关键信息。FABE 法则如图 3-1 所示。

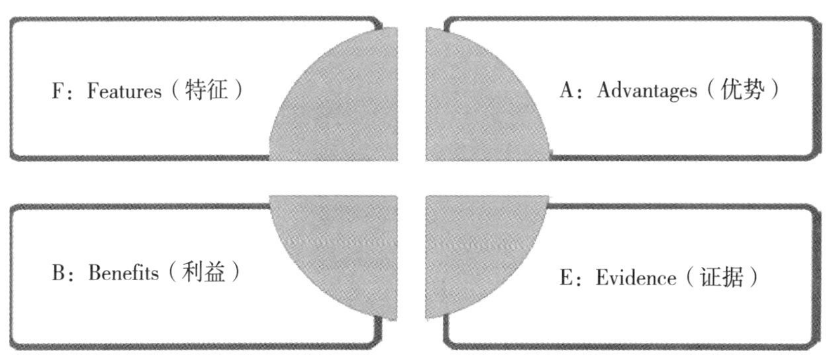

图 3-1　FABE 法则

（1）Features（特征）

产品的特征包括参数、价格、功能及效果等。人们在购买产品时，都会了解产品的特征，以衡量产品是否适合自己。因此，主播在直播时可以面对面地向观众介绍产品的特征，从而使观众更深入地了解产品。例如，某主播在介绍健身课程时说："这款健身课程价格低，而且只需要 3 个月就可以有不错的瘦身效果。"价格低、效果好就是这款健身课程的特征。

（2）Advantages（优势）

主播需要解释为什么产品值得观众购买，即向观众展示产品的优势。还是用健身课程来举例，主播在对健身课程进行介绍时可以说："我们的健身课程有一个非常大的优势，那就是如果学员没有在规定的时间内达到瘦身效果，可以要求退款。"对于想健身又怕没有效果的观众来说，能够退款就是这款课程很大的优势。

（3）Benefits（利益）

利益就是观众购买产品可以获得的好处。主播在介绍健身课程时可以说："购买了健身课程后，想要瘦身的人都比之前瘦了很多，想要增肌的人也不像之前那样虚弱。"变瘦、身体更强壮是这个产品带给观众的利益，主播需要将其展示出来。

（4）Evidence（证据）

证据即主播需要用事实证明自己介绍的内容是真实、可信的，不能为了把产品销售出去而胡乱吹嘘。主播可以说："很多学员本来只购买了第一期健身课程，但因为效果很好，而且我们的健身教练也非常负责，就又接着购买了后面几期课程。"主播可以将学员健身前后的体重、身形对比图展示出来，并给观众看健身教练帮助学员健身的照片，以及学员购买后面几期课程的转账记录（将重要信息打码）。

在正式直播时，主播可以用一个固定句式将上述四个要素连接起来：因为产品（特征）……所以能够为您带来（优点）……您在购买后会发现产品可以让您（利益）……这不是我在夸大产品，而是因为购买过的观众都（证据）……

FABE 法则可以让产品的介绍更有吸引力，但对于知识付费类主播来说，专业性才是首要的，所以主播在直播时应该展示自己的专业能力。

知识付费类主播要用专业知识内容讲解将观众留在自己的直播间，进入自己的社群。我现在做的就是知识付费领域的直播，我是洳冰魅力演讲的创始人，在创业、社群运营方面也有自己的成功案例，目前我的主要运营模式就是"课程＋图书""社群＋直播"的产品模式。

例如，我在直播间会和观众分享我演讲时遇到的挑战、创业初期的困难等，但我并非简单地分享一个故事，而是会用自己从业以来的专业知识带动观众的思路和情绪，让他们通过我的故事获得专业性的帮助与解答，能够在我的直播间受益。所以，有很多观众会主动询问我有没有相关的课程、训练营。

我曾推出过一款"演讲成交力"的训练营课程，从零讲起如何搭建自己的演讲结构，很受观众欢迎。之后，我也推出了我自己的限量版实体书《人生句本》，如图 3-2 所示。

图 3-2 《人生句本》实体书

我希望通过这种“课程 + 图书”“社群 + 直播”的模式，为观众带来更多有益的收获。特别是对于一些流量还不够多的主播来说，这种模式能够帮助他们深度强化基本功，很快提升自己的专业能力。

当然，需要注意的是吸引力强、专业度高的产品介绍固然非常重要，但主播也不能忽视直播间的互动氛围。主播可以先介绍产品，输出一些干货，然后让观众提出问题，并及时帮助观众解决问题。而且，主播还可以和观众连麦，为观众提供福利。这样不仅能调动直播间的气氛，还能进一步提升观众的忠诚度。

3.1.3　巧妙报价：先说优点，后说价格

在报价环节，主播并不是单纯地将产品的价格报给观众就可以了，而是要充分满足观众追求实惠的心理。如果主播报出来的价格不能让观众感觉到实惠，就难以激发观众的购物热情，甚至会引起观众的不满。

在报价时，主播要注意：没有价值，不谈价格。

现在各种类型的直播间比比皆是，观众自然会选择在价格更合适的直播间购买产品。不过，如果主播对产品的报价过低，也会引起观众的质疑。他们会思考产品是否有质量问题，否则为什么有如此低的价格。

主播在销售一款产品时，不要一开始就把价格报出来。观众在不了解产品的情况下，难以判断产品的价格是否合理。而且，一旦观众先了解了产品的价格，之后在听主播介绍产品时就会将产品和其价格作对比。经过这样的对比，观众往往会变得更挑剔，从而对产品及其价格产生疑问。

主播应该先根据 FABE 法则将产品的卖点介绍给观众，让观众了解产品，然后进行报价，这样能使观众更容易接受产品的价格。例如，主播想销售一门价格为 1999 元的财务课程。如果主播一开始就表明这门课程的价格为 1999 元，那么有些观众可能听到价格就直接退出直播间了。因为对于一部分观众而言，他们不会用 1999 元购买这门课程，也就不想继续了解它的其他信息。

主播要想把这门课程销售出去，就不能在介绍前先标明价格。主播可以先介绍："今天我给大家推荐的这门课程是由知名金融机构打造的，大家可以从中学习到很多实用的财务知识。而且，为大家讲课的都是从业经验非常丰富的金牌财务总监，他们会指导大家做好财务工作，帮助大家的事业更上一层楼。"

当主播介绍完这个产品的优势后，有相关需求的观众就会产生购买意愿。然后，主播可以先介绍同类产品的价格，再顺势报出自己产品的价格："我们的课程内容比市场上同类课程的内容更丰富，更重要的是价格还要低很多，现在下单只需 1999 元。"当然，可能有些观众认为价格还是偏高，但因为他们已经了解了课程的优势，也对比了同类课程的价格，所以即使他们觉得课程的价格偏高，还是会愿意下单。

主播在报价前应该详细介绍产品的优势，让观众了解产品的真正价值。如果主播对产品的介绍激起了观众的购买欲望，那么他们对价格的要求可能就会降低。换言之，即使产品的价格比较高，观众可能也会下单。由此可见，先展示产品的优势，再与同类产品的价格对比，最后报价的做法，对于主播而言是十分有利的。

还有一种更灵活的支付方式。例如，产品的价格在 10000 元以上，主播可以在直播时只要求观众支付定金占名额即可。采用更灵活的支付方式后，观众在直播间下单的概率会大大增加。不用付全款，只是锁定购买资格的做法，可以减少观众的犹豫。另外，主播还可以做出负风险的承诺：如果不想买了，观众不仅可以退款，还可以保留赠送的礼品，这样会让直播间的下单率更高。

3.1.4　亲自试验：向观众介绍使用感受

相比在淘宝、京东等电商平台上购物，越来越多的观众似乎更愿意通过观看直播来购物，因为这种新型购物方式能够带给观众更好的购物体验。观众可以通过主播对产品进行现场试验看到产品的实际效果，从而更放心地购买产品。

为了更好地向观众传达产品的实际效果，主播需要尽可能详细地将自己的使用感受表达清楚，让观众充分了解产品，具体可以从以下几个方面入手。

（1）抓住观众的需求

主播应该抓住观众的需求，并将他们的需求与自己的使用感受结合在一起，提前说出自己的感受和体验。例如，观众的需求是购买一款内存大、不卡顿的手机，那么主播就可以在使用自己推荐的手机后再对观众说："通过我的亲自试验，我觉得这款手机真的不错，流畅程度与 iPhone 没有很大差别，而且内存足够大，可以储存很多文件、照片等。"

但是，主播也要注意，自己的使用感受一定要真实，不能弄虚作假。试想如果主播平常在直播间使用的手机是 iPhone，却在推广这款手机时说自己一直在用这个品牌的手机，显然会引起观众的反感。所以，主播在分享产品使用体验之前，一定要亲自使用一段时间，让观众能够感受到你的真诚。只有为观众着想，观众才会乐意买单。

（2）生动、形象地展示效果

主播要生动、形象地展示产品的使用效果，以便让观众对产品有更直观的感受。我的学员娜家美学整理创始人李娜每次介绍美学空间课程时，都会谈到如何做好收纳整理。她会在直播间直接展示自己家里的厨房柜、餐边柜、衣柜、玄关、洗手间、茶室等多个角落和空间的收纳情况，让观众直观地感受购买收纳整理服务后的效果。

（3）创意必不可少

大多数主播直播的最终目的都是变现，而每种产品都会有竞品，如何才能让观众选择自己的产品，成了很多主播亟待解决的问题。如果主播能够将使用感受表达得足够有创意，就能够让自己的产品在千万种同类产品中脱颖而出。

因此，主播在描述使用感受时可以加入自己的创意。有时一个出人意料的好点子就能够成就一个产品，这就是创意的魅力。当然，这也是演讲和表达的魅力。

例如，我在做产品促销时，想让观众获得更好的购买体验，就会直接说："如果大家对我手里的画感兴趣，那么第一位下单的用户，就可以得到我手里的画。最后，截至我下播前，最后一名下单的用户也会得到我的神秘大礼。"其实，像这样与观众做一些有意思的互动，可以增加观众的乐趣，让观众更愿意下单。

总之，主播要介绍产品的使用感受，并辅以生动的效果展示和极具创意的表达。这样才可以更好地激发观众的热情，调动直播间的气氛，从而促进产品销售。

3.1.5　适度承诺：观众为何怀疑主播在忽悠

王安石曾经在《辞同修起居注状·第四状》中写道：“忠者不饰行以侥荣，信者不食言以从利。”这句话的大致意思是忠诚的人不通过修饰自己的行为来侥幸获得荣耀，有信用的人不会说谎话来追逐利益。

戴尔公司创始人迈克·戴尔也说过一句关于承诺的话：“不要过度承诺，但要超值交付。”这句话的潜在含义是每个人都需要为自己做出的承诺负责，否则将彻底失去他人的信任。

同理，对于主播而言，遵守承诺是一种非常重要的品质，毕竟任何生意都要以诚信为本。遵守承诺的前提是适度承诺，如果主播可以做到适度承诺，那么他在观众心中的地位就会大幅提升。如何才能做到适度承诺呢？主播不妨从以下三个方面入手。

（1）承诺要找准需求

主播通常有特定的粉丝群体，这就要求主播给出的承诺一定要符合他们的需求。例如，观看某知识型主播直播的观众主要是一些考研的大学生，那么该主播就可以承诺为他们提供考研复习资料，或者邀请考研名师为他们分享学习经验等。

（2）承诺要量力而行

有些主播喜欢随便承诺，向观众承诺质量绝对有保障，但实际上销售的产品存在很严重的质量问题。对于主播而言，重要的不是向观众承诺了多少，而是承诺能兑现多少。

我会在直播间对观众说：“你如果想一夜暴富，就一定不要购买我的个人品牌课；如果你想要学习一门课就解决自己的演讲难题，那么，你也最好先别购买我的演讲训练营。我能教的是坚持长期主义，愿意自己付出努力，并且相信老师的专业，能一步一个脚印地练习的人。”这样观众在购买我的课程时，反而会觉得很安心、踏实、可靠。

（3）承诺要及时兑现

有些主播在直播时会承诺为观众送礼物，并表示礼物会在直播结束后发放。礼物通常有两种：虚拟礼物和实体礼物。虚拟礼物有优惠券、红包等，这类礼物不用发实体货，兑现起来比较容易；实体礼物是需要发货的，主播必须记得把承诺的这类礼物发给观众，否则会影响自己在观众心中的信誉。

还有些主播会承诺向观众赠送一些福利产品，这类承诺也是必须兑现的。例如，某主播在直播时承诺赠送本次直播课程的思维导图，只要是关注主播并私信“666”的观众都能参与活动。于是，很多观众立即关注该主播并发了私信。在直播结束后，该主播给关注自己并发私信的观众兑现了承诺。

在我的视频号中，观众只需要发送“1314”就可以获得《演讲金句 100 句》和更多演讲素材，以提升演讲能力。

在直播时，主播可能说了 10 分的话，却只行动了 7 分，这就属于过度承诺，自然会让观众产生不满。有些观众甚至会认为主播是在忽悠自己。如果主播能在遵守规则的基础上做到适度承诺，那么他在观众心中的诚信度就会很高。久而久之，他就能获得更多忠实观众，他的直播间也会越来越热闹。

3.1.6　售后介绍：观众为何迟迟不肯下单

如果主播希望吸引更多观众观看直播并购物，就一定要认真对待购买产品的观众，尽心尽力地为其做好售后服务。完善的售后服务能够使主播的发展更长远。

有些观众可能想购买产品，但因为不了解产品的售后服务，所以会暂时保持观望状态。如果主播在展示完产品后可以详细说明产品的售后服务，那么这些观众也许就不会有顾虑，甚至可能会立刻下单购买。

例如，一位主播在直播间销售一款手机，该手机的性能不错，价格也十分划算，而且下单还有礼品相赠。但即使如此，下单的观众也不多。就在主播感到非常疑惑之际，她看到很多观众在咨询手机的售后问题。于是，她连忙解释道："除了以上福利之外，这款手机的售后服务也十分到位。凡是现在下单的朋友，都可以享受一个月内无条件包换的服务。而且，如果手机在使用过程中出现任何问题，大家随时可以申请免费维修。"

经过主播的一番补充，很多对售后服务不了解的观众纷纷下单购买。最终，这款手机在直播期间获得了不俗的销量。

保证产品的售后服务能够打消观众的后顾之忧，使他们放心下单购买。同时，主播向观众承诺的售后服务不能只是空话，而是必须落到实处，让观众真正相信。为此，主播可以将成功的售后案例分享给观众。例如，“下面我给大家分享一个真实的案例。上个月张女士购买了我们的 ×× 产品，结果在使用过程中发现了一个小问题。她通过在线客服联系了我们，我们的工作人员迅速响应，不仅为她解决了问题，还额外赠送了她一份小礼物作为补偿。张女士对我们的服务非常满意，还特意在社交媒体上分享了她的经历。”

主播也可以邀请观众提出与售后服务相关的问题：“现在如果您对售后服务有任何疑问或想了解更多细节，请在直播间留言，我会为您实时解答。我看到 ××（观众昵称）提到了 ×× 问题（具体的售后问题），我现在为您详细解答一下……”

当观众了解售后服务后，主播要乘胜追击，再一次强调自己对售后服务的重视。例如，主播可以说：“我们的售后服务是您购买产品的坚强后盾。我们将致力于为您提供最优质的售后体验，确保您的每一次购买都是值得的。”同时，主播还应该呼吁观众尽快下单并分享：“如果您对我们的产品感兴趣，或者对我们的售后服务感到满意，请分享给您的朋友和家人。让我们一起传递这份信任和满意！”

诚心诚意地为观众介绍售后服务，对提高产品的销量有十分重要的作用。当然，主播也要保证售后服务是真实的，不能言而无信。

我有一位学员——卿姐卤鹅实战教练，她的直播间主要卖广东卤鹅。食品销售是一门长期生意，并不是一锤子买卖。所以，为了更好地服务客户，她建立了社群，为社群粉丝对接当季产品，如广式汤料、端午粽子、中秋月饼等。通过这一系列的售后跟踪服务，她销售了更多品类的产品。因此，长期为客户的需求服务，对于粉丝的持续转化具有重要意义。

3.2　主播如何打造优秀品牌

从事直播行业，其实并没有很多人想象中的那么简单。主播要想长期在直播行业发展下去，就必须打造好自己的品牌，让自己成为一个有辨识度的 IP。像董宇辉、罗永浩、蛋蛋、冯提莫等都是因为具备品牌效应，才能给粉丝留下深刻印象，使直播间的销售数据不断上升。

本节从人设定位、口碑与转化、IP 打造入手，介绍打造优秀品牌的秘籍。

3.2.1　差异化定位：塑造自己的独特人设

在直播领域，各大主播争抢的是流量资源。因此，为了吸引更多观众关注，主播需要进行差异化定位，即通过建立一个好人设打造直播特色。有了人设，当观众聊起主播时，他们脑海里会浮现一幅清晰的人物画像；当他们在讲某件事情、遇到某个困难时，也会立刻想到主播就是那个解决问题的最佳人选。

有人设的主播会更容易获得观众的信任，也会让观众产生更深刻的记忆。主播可以尝试思考 4 个问题：我是谁？我需要什么？我能做什么？我有什么区别于他人的地方？根据这 4 个问题打造与众不同的人设，主播才能在观众心中占据一席之地。例如，我是一名从业多年的演讲培训老师；我需要教大家演讲技巧；我能够做思维培训；我区别于他人的地方就是我敢爱敢恨，个性鲜明。

有些主播可能是普通的上班族，他们的综合实力也许没有那么强，那么他们应该如何打造自己的人设呢？打造人设的目的是成为直播界的唯一。主播可以思考自己在职业、外表、性格、擅长领域等方面与其他主播的不同之处。

如果实在想不出自己有什么特别之处，那么主播可以思考自己愿意在什么事上花足够多的时间？时间是会产生价值的，如果你是一个会花很长时间给自己化妆的人，那么你一定会掌握一些化妆技巧；如果你长期在厨房里做饭，那么一定会有特别拿手的好菜；如果你喜欢阅读，那么一定会有推荐阅读的书单可以分享给大家。

此外，主播还需要把握以下 7 个打造人设的原则。

（1）体现专业性

主播在打造人设时，了解自己能够在哪个领域建立优势是非常重要的。如果主播的直播是以自己擅长的领域为基础，那么就可以充分体现出主播的专业能力。

例如，张雪峰是一个能激励高中生好好学习的励志导师，他会在每年高考结束后为学生进行志愿填写指导。他的专业能力和自带的 IP 属性，让他成为高考志愿咨询的意见领袖。每到高考季，他的咨询团队都会认真研究各大院校的专业信息、历年录取情况等，这种对专业性的追求让团队的咨询业务量每年都爆满。

很多打造个人品牌的老师都开始逐步建立自己在专业细分领域的辨识度。例如，擅长写文案的，就定位文案个人品牌导师；擅长制作短视频的，就定位短视频个人品牌导师。

（2）大胆挖掘，重复深化

人设不是凭空想象出来的，主播应该从自身特点出发，根据自身特点打造人设。例如，在语言方面，主播可以设计适合自己的口头禅，并让这个口头禅成为自己的标签；在动作方面，夸张的表情和动作更能吸引观众的目光；在技能方面，主播要熟知直播流程、产品特征、卖点及相关优惠活动的参与方法和规则等。

主播需要投入大量时间挖掘自己的特点，并重复展示让观众印象最深刻的特点，以不断强化观众对自己的记忆，加深观众对自己人设的认知，从而拥有自己的辨识度。

（3）找到闪光点

任何人身上都有闪光点，主播要做的就是不断强化自己身上的闪光点，并让更多观众看到。

另外需要注意的是主播越真诚，就越能赢得观众的信任。因为不管主播怎么做，都会有人喜欢，也会有人不喜欢。而随着粉丝量的增加，按照比例计算，不喜欢主播的人数肯定也会增加。但是，主播要坚持做真实的自己。因为真实才是获得粉丝的核心法则，把自己的优点最大化，把优势展现得淋漓尽致，才能吸引粉丝关注。

（4）少等于多

主播身上可能有很多优势，但如果主播将多个优势作为人设的亮点，反而难以吸引观众的目光。只有全力展现自己最突出的优势，主播才能更好地在观众心中留下深刻印象。因此，主播最需要关注的是自己最突出的优势，并根据这个优势确定人设和直播风格，使自己能够吸引更多观众。

个人优势要聚焦到一种技能上，比如你告诉别人你是文案导师，那么你就要做到让别人在一写文案时就会想起你。不要表现出什么都会，但是什么都不精通的样子。

我在刚开始摸索以直播的形式线上创业时尝试了很多主题，如形象设计、女性成长、魅力演讲、色彩能量、时间管理等。每一类课程都会有人喜欢，但一谈起“洳冰是做什么的”，答案就比较模糊。直到 2021 年，我将自己的定位聚焦在教好“魅力演讲”上，我的直播和产品就都有了巨大的市场增长空间，课程价值翻了 100 倍。

（5）长期坚持

主播一旦确定了人设，就不能随意更改。因为只有长久地保持同一种人设，才能让观众对这个人设产生深刻的记忆。为了长期坚持人设，主播在进行每一次直播内容规划时，都要考虑直播内容是否与人设相符。持续输出与人设一致的直播内容，可以逐渐强化观众对主播的印象，使主播与观众之间的关系更牢固。

当然，长期坚持并不是要求主播的每一次直播都必须完全符合人设。主播适时推出一些惊喜活动，既能够增加直播的新意，也能拉近自己与观众的距离。

值得注意的是主播在设计主题时，如果是重要的大直播、长直播，要发售重要的产品，最好是根据自己的人设定位相关主题，这样可以加大品牌权重。如果是日常直播，主播就可以讲周边的主题。

例如，2022 年 7 月 30 日，我策划了一场长达 12 小时的直播，题目就是“万人魅力演讲峰会”，与演讲相关。而我在日常直播就会讲创业、个人品牌、团队、情商、社群、学习成长等很多线上创业的周边话题。

（6）了解观众的需求

主播在结合自身特点和优势打造人设的同时，还要充分考虑观众的需求。如果主播选择的人设与观众的偏好相差甚远，那么这个人设可能就是无效的。

家庭主妇、职场新人、二胎宝妈、创业老板、退休老人等不同的观众群体对直播的关注点不同，他们心中最柔软的地方也不同。例如，被重视、被关怀、被尊重、被理解是很多二胎宝妈的需求，如果主播的目标观众群体是二胎宝妈，那么“知心大姐姐”或“知心大哥哥”就是适合主播的人设。

（7）用数据说明

很多主播会用名校毕业或曾经为知名企业服务过作为自己的优势，为自己背书，但没有这些经历的人如何说明自己的优势呢？

我们可以用数据体现自己的优势。例如，我做课程培训，就会这样描述自己："我从事培训工作 8 年，讲过 300 场线下课。""8 年"和"300 场"，这些数据能很清楚地体现我的从业经验，以及我在行业内广受认可的事实。

再如，我想说明我的课很好，就可以这样说："跟我学完文案，80% 的学员都已经实现了 10 倍变现，还有接近 15% 的学员能够变现 100 倍。"这些数据可以很直观地让观众感受到主播的强大，说明主播确实在自己的专业领域深耕过，有从业经验，产品也有实实在在的效果。

主播要围绕外表、性格、专业性、优势等方面不断地思考，在其中找到自己和他人形成差异的方面，明确自己的定位。如果主播的定位足够精准且具有差异性，那么人设就会更鲜明，主播本人也会更有吸引力。

3.2.2 七三法则：七分口碑，三分转化

在互联网时代，微信、微博、小红书、抖音、快手等平台的广泛应用让每个人都可以做自媒体。自媒体是重要的信息传播途径，其传播效应为主播的自我营销提供了便利。主播可以在降低

传播成本的同时，大幅提高传播效率。

主播是公众人物，就意味着需要为自己在镜头前的每一个行为负责。如果主播在直播时言行不当，或者直播间的产品被曝出质量问题，那么与之相关的直播事故将很快在各个社交平台传播。

起初可能只有一个观众发现了主播的错误，但当他将错误发到平台上后，就会有无数网友知道主播的错误。此举将直接影响直播间的人气及主播本人的口碑。观众可能不会再信任主播，自然也不会对主播输出的内容和推荐的产品有好感。

为了避免出现上述问题，主播可以从以下三个方面出发，不断提升自己的口碑，争取将自己打造成观众心中的良心主播。

（1）产品是直播的基础

无论主播的直播内容是讲课还是带货，都要保证内容和产品质量，以此树立口碑，打造良好的形象。在直播中，主播可以展现产品获得的权威认证，或者相关专家、品牌代言人对产品的推荐，从而增强观众对产品的信任度。例如，讲课主播可以告知观众，自己的课程是与业内专家一起设计的，或者某知名企业家也认可了该课程。

如果没有这些背景，主播也可以阐述自己的专业背景。例如，说自己是某知名机构的认证讲师或教练等。

（2）诚信是主播人格魅力的推手

所有主播都要讲诚信。如果主播在直播预告中介绍直播间将会有哪些福利活动，那么在直播时就必须举办这些活动。主播不能为了吸引关注度进行虚假宣传，而是应该落实活动的每个细节，确保观众能真正享受到优惠。

需要注意的是，主播在直播过程中，除了要讲明产品的优点以外，还需要坦诚地讲明产品存在的缺点。任何产品都不是完美的，相比隐瞒产品的缺点，坦诚地讲明产品的不足之处更容易树立良好的口碑。

一些主播在介绍产品时只是一味地介绍产品的优势，对产品的不足之处则绝口不提。这样的自卖自夸只会让观众对产品产生怀疑。如果主播在说明优点的同时也讲明产品的缺点，就会让观众感受到真实与诚意，进而信任主播及产品。

例如，某主播为了让观众更全面地了解一款手机，先将其优势展示出来："这款手机搭载了最新处理器，无论是日常使用，还是玩大型游戏，都很流畅，毫无压力。而且，它的摄像系统非常强大，主摄像头的像素达到 ×× 万，无论是在白天，还是夜晚，都能拍出清晰、细腻的照片。特别是它还自带夜景模式，简直是夜晚拍照的神器。"

接着，该主播又向观众说明这款手机的缺点："这款手机在屏幕亮度方面可能略显不足，在户外阳光强烈的环境下，屏幕可能会有些看不清。不过，这并不影响它在室内的显示效果，你可以通过调整亮度、开启护眼模式等方式解决这个问题。另外，有些朋友可能会觉得它的指纹识别位置稍微有些偏下，使用时需要调整一下握持姿势，但这是为了保持手机整体的美观和协调性，而且这种设计并不会降低整体的使用效果。大家无须担心。"

任何商业的终极赢家都是诚实守信的人，直播也不例外。只有真诚、讲诚信，主播才会有长期追随的粉丝和长久可做的生意。

（3）做认证是打造优质口碑的重要环节

微博、抖音、视频号等直播平台都有认证功能。以视频号“洳冰魅力演说教练”为例，如图 3-3 所示，其名字下面有个金色对勾图标，旁边有一行字：教育博主。有些主播以为这是简介的一部分，其实这是视频号的官方认证，是账号的一个重要组成部分，可以体现主播的权威性。主播需要先提出申请，并在通过审核后才可以得到视频号的官方认证。

洳冰魅力演说教练
教育博主
陕西 女

@洳冰魅力演讲 企业号
演说知识体系架构师
生命色彩理论创立者
年营 2 亿女性学员首席讲师
年入 300 万的女性演讲老师
曾培训超 300 场，
学员 3 万 + 遍布全球
个人知识创业从 0-1，一年百万变现
连续 300 场线下课，帮助至少全球 3 万女性身心魅力绽放
私信我“1314”，找我领取演讲 100 句金句
添加企业微信

图 3-3　“洳冰魅力演说教练”视频号认证

目前，视频号认证分为两类：一类是企业认证，另一类是个人认证。

企业认证是面向企业的，必须有工商营业执照才可以申请，相对比较正式。而且，获得企业认证的视频号需要围绕企业输出内容和做直播。

如果主播没有工商营业执照或不想申请企业认证，那么可以申请个人认证。获得个人认证的主播可以灵活、多样地输出内容，在做直播时也不会受到很多限制。

个人认证又分为职业认证和兴趣认证。职业认证通常是面向专业人士开放的，如医生、教师、艺人、作家、运动员等；兴趣认证在申请资质上没有要求，但对粉丝量有要求，即必须有 1000 个有效粉丝才可以申请。

如果视频号没有通过认证，就会影响主播的口碑。而且，主播也不能在视频号首页展示自己的微信，更不能在直播间展示微信。这严重限制了引流渠道和引流效率。因此，主播需要尽快做认证，让观众感受到自己的权威性。

主播通过打造口碑吸引观众进入直播间，然后将观众变成粉丝，最后将其转化为生产力，并通过反复触达促成多次复购。总之，主播需要让自己在观众心中有良好的口碑，这样才可以提升转化率，使观众的价值实现最大化。

3.2.3　IP 打造：主播如何为自己代言

在流量时代，各主播之间的竞争十分激烈。稍有不慎，主播就可能错过最佳机会，被对手超越，甚至打败。为了在竞争中抢占先机，主播应该打造 IP，为观众提供极致的观看体验，并在无形中与观众建立强大的信任关系。

IP 能够为主播吸引更多流量，提升主播的变现能力，同时也可以进一步增强观众的黏性。

例如，我是一名魅力演讲教练，有 8 年的线下授课经验，拥有扎实的演讲技能，目前在线上开发自己的课程，主要有“演说系列”和“线上创业系列”。

在个人品牌崛起的时代，把演讲技能融入创业能力中，能够帮助很多创业者找到创业的方向。它能够让我们讲好产品，让产品拥有更强的变现能力。通过这些内容的输出，我建立了自己的专业口碑。同时，通过完成流量产品的打造，以及信任产品和利润产品的闭环设计，我完成了流量的积累，帮助许多创业者不断明确自我定位，找到适合自己的演说风格和正确的线上产品设计方向。

如果想像我一样打造优质 IP，除了自身的专业能力以外，主播还要重视以下 3 项技能。

（1）输出优质内容

对于主播而言，物美价廉的产品、精心设计的直播脚本都是优质内容的体现。在直播过程中，这些内容有非常重要的作用。无论主播的事业发展到哪个阶段，输出优质内容都是主播打造 IP、确保自己能够稳定发展的必要条件。总之，只要内容能够持续吸引观众，主播就有机会向超级 IP 进阶。

主播最好用系列、连续、关联的方式，让观众愿意追随直播内容。例如，我最早在抖音上讲色彩课程，先讲了红色、橙色、黄色，很多人进来就很好奇，那绿色呢？蓝色呢？在听到紫色这种色彩之后，新进入直播间的观众就会问：“红色呢？”就这样，我连续两个月都在循环直播色彩主题。色彩这个主题吸引了很多人的注意，他们也愿意追随下去。

（2）稳固品牌烙印

如果持续输出优质内容是打造 IP 的重要前提，那么稳固品牌烙印就是打造 IP 的必要手段。只有让品牌烙印深深地刻在观众心中，主播才有机会成为令人瞩目的超级主播。

例如，江糖糖在情感咨询与家庭教育领域拥有广泛的影响力，她深厚的专业知识、丰富的实践经验及独特的见解深受网友的喜爱与信赖。她经常在社交平台上与粉丝互动，发布精彩瞬间和幕后花絮等，以增强自己与粉丝的亲密感，提升自己的曝光率和知名度。她还与深爱榜创始人袁子弹合作，成立了“江糖糖 IP 工作室”，旨在通过更专业、更系统的运营，将自己的理念传递给更多家庭和个人。在此期间，她的品牌影响力不断扩大。

在直播过程中，主播需要向观众提供记忆锚点。例如，“今年过节不收礼，收礼只收脑白金”这句家喻户晓的广告语便是一种记忆锚点，其能够让听到的人立刻想到脑白金这个产品。记忆锚点不一定要数量多，也不拘泥于形式，但一定要足够深刻。记忆锚点可以是一句响亮的口号、一个鲜明的标志，也可以是主播的独特人设。总之，记忆锚点要能够让观众时常想起主播及其直播间。

记忆锚点也就是每个主播都需要有自己的超级口号。例如，我在线下课会展示很多平时直播用的口号，学员会有很强的共情时刻，如图 3-4 所示。

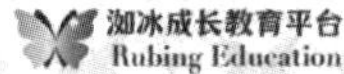

图 3-4　直播间口号

（3）完善运营模式

在直播步入正轨后，主播需要总结可复制的运营经验，形成一个标准化的模式，并确保每个环节都可以正常运转，形成良性循环。这种良性循环就像工厂的车间流水线，倘若某个环节出了差错，那么一定会出现不可估量的损失。同理，在直播过程中，如果哪个环节出现了问题，就有可能导致直播事故，甚至有可能导致主播功亏一篑，无法在直播行业立足。这就需要主播亲身了解并参与直播的每个环节，优化不合理之处。

以视频号为例，视频号的运营模式如图 3-5 所示。

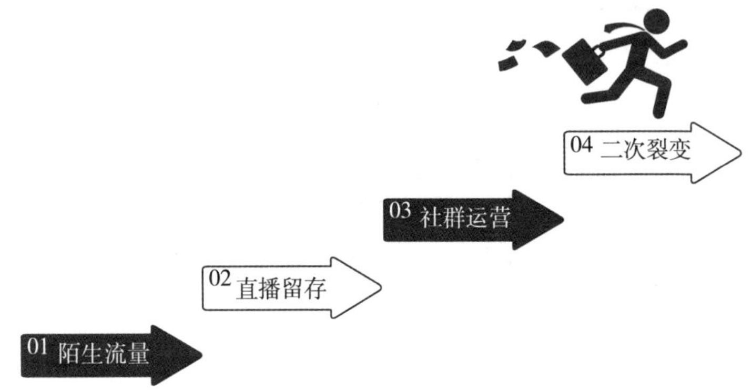

图 3-5　视频号的运营模式

对于主播来说，无意间进入自己直播间的观众都是陌生的公域流量。这些陌生的流量可能很快离开直播间，也可能被主播的直播内容吸引而留下来。这时就到了运营模式的第二个环节：主播需要通过自己的表达力和说服力让陌生流量留存下来。一般而言，直播留存流量的方法主要是降低入门门槛。例如，19.9 元的课程是绝大部分人都能够承受的，主播可以通过低价格让观众尝试课程，从而让观众对课程产生兴趣。

一旦有陌生流量留存下来，主播就要抓紧进入第三个阶段，即引导观众进入自己的社群，并通过社群的运营实现对观众的赋能。成功赋能之后，观众对主播和课程的满意度自然会提升。此时就是进行粉丝二次裂变的最好时机。观众愿意帮主播做裂变推广，主播也要给他们一定的激励与回报。

这样一套流程下来，主播就已经打通了运营模式的各个环节，形成了完整的流量闭环。这对于打造私域流量池来说至关重要。

总之，打造个人 IP 不是一件容易的事情。只有拥有好的产品设计能力、扎实的演讲功底，坚持输出有优势的内容，稳固品牌烙印，完善粉丝留存转化机制，再逐步形成粉丝自运转裂变，最后形成个人风格，才能让观众爱上主播，爱上直播间的产品。

3.3 在直播间大力宣传品牌

无论是产品背后的企业品牌，还是主播背后的个人品牌，要想被更多人知道，都不能忽视宣传工作。而做好这项工作的关键，除了选择合适的宣传渠道、掌握有效的宣传技巧以外，还离不开长久的坚持和不懈的努力。本节将提供一些实用的宣传方法和成功案例，希望你可以从中获得一些启示和帮助，从而在品牌建设的道路上走得更顺利。

3.3.1 KOL+KOC：双管齐下，优化直播效果

KOL 即关键意见领袖，他们相对于 KOC，对产品信息有更深入的了解。而且，他们的意见往往也会在一定程度上影响观众下单的意愿。KOL 是各自领域的专家，对有购买想法的群体能够产生较大的影响，从而进一步优化直播效果。其实，KOL 主要是指微博大 V、抖音网络红人、淘宝头部主播、B 站百大 UP 主、小红书百万粉丝博主等。他们对大众的消费行为有不同程度的引导，可以影响大众的消费决策。

KOC 即关键意见消费者，他们更像是处在成长过程中的 KOL，只不过因为粉丝较少，无法对很多人进行消费引导。但粉丝少也并非全是坏处，由于 KOC 的圈子更垂直、更细分，人们对其的接受度与喜爱度也更高。同时，KOC 也是关键消费意见提出者。

在直播领域，其实 KOC 更常见。例如，直播间中的“房管”、社群中的粉丝管理员、团队中的代理商等都属于 KOC。而 KOC 之所以在直播领域占据了重要地位，主要出于以下两方面的原因。

其一，KOC 可以创设观众对产品的信任情境。在直播间中，KOC 的本质还是观众，他们与其他观众一样，而共同的身份最容易创设信任情境。例如，视频号主播“杨小雪生活美食记”是一位特别会给孩子做美食的宝妈博主，她很有耐心，颜值又很高，家里的厨房也非常温馨、干净，给人一种可靠的感觉。她在直播间推荐的面包、水果、零食、调味品、锅、豆浆机等都会有人下单，因为她建立了足够强大的信任背书。正是由于她很可靠，所以观众会觉得她推荐的食材和正在用的烹饪用品一定和她一样可靠。她虽然不是产品生产商，但依然有很多厂家愿意找她代言。因此，她也成为 KOC，影响着观众的购买决策。

其二，KOC 可以打造观众与主播的对话情境。KOC 在直播中或在社群中发表的评论通常会很快引起主播的重视。因为 KOC 相当于观众的代言人，他的感受一定是大部分观众的共同感受。

此外，KOC 的评论也会引发直播间的观众针对某个话题展开讨论，甚至在一定程度上引导观众的言论方向。通过 KOC 的评论和观众的讨论，主播可以清楚地了解观众的真实感受和硬性需求，从而优化自己的形象和口碑，与观众建立更紧密的连接。

综合地看，KOL 与 KOC 的不同主要体现在以下几个方面。

（1）受众不同

KOL 一般是某行业的专家，他们会在直播时用十分专业、客观的语言向观众输出内容，为观众提供相关建议。而 KOC 则不同，他们与普通观众没有多大的区别，分享的内容是带有主观性的亲身使用体验，直播也更接地气。

（2）内容不同

KOL 通常有自己的专业团队，包括文案策划师、摄影师、营销人员等。因此，他们在直播过程中输出的内容往往质量很高，带给观众一种舒适的观看体验。KOC 则需要完成写文案、拍视频、选品等工作。虽然他们产出的内容质量可能一般，但充满人文色彩，观众视角更多，加上他们自己也是产品的体验者和忠实用户，就更能贴合观众的日常生活和工作。

（3）流量不同

KOL 掌握着公域流量池，观众来源广泛且复杂，通常很难及时地回复观众问题，甚至会给观众一种“高高在上”的距离感。以人与人之间的信任为基础的 KOC 则以私域流量为主攻点，致力于建立小范围的人际关系，能够更深入地与观众进行互动。与 KOL 相比，KOC 的粉丝黏性更高。

KOL 与 KOC 各有长处，二者融合可以打破营销界限，将直播的各个环节连接在一起，为直播间吸引更多流量。当粉丝数量较少时，主播需要作为 KOC 为观众提供有建设性的意见以及更优惠的产品；当主播成为 KOL 后，则需要聘请专业团队进一步优化文案策划、直播内容设计等工作。

现在 KOL 与 KOC 逐渐融合，主播也会根据自身情况巧妙地转化身份。于是，“KOL+KOC”模式应运而生。

例如，我们作为观众，想在直播间购买一个扫地机器人。那么，在购买前我们肯定会在很多平台上搜索此类产品。我们会看到很多 KOL 对此类产品的评价，这些评价可能有好有坏。我们参考了多方意见，决定选择小米公司的扫地机器人。此时，我们可能不会从为我们推荐产品的 KOL 那里购买产品，因为他们给出的价格不够理想。出于追求优惠的原因，我们可能会在熟悉的 KOC 的直播间购买扫地机器人。

以上便是“KOL+KOC”模式的运作逻辑，即主播先作为 KOL 为观众提供专业的产品介绍与使用体验，接着再作为 KOC 提供更主观的购买意见，并在直播间以更优惠的价格销售产品。这样的双管齐下，可以让主播享受公域和私域两方面的流量红利，优化直播效果，进一步提升直播间的人气，促进产品销售。

3.3.2 双向背书：企业品牌为主，个人品牌为辅

有些主播经营并管理着一家甚至多家企业，他们的身上往往肩负着两类品牌：企业品牌、个人品牌。为了吸引观众，让直播效果更好，他们可以将个人品牌与企业品牌绑定在一起，实施

“企业品牌为主，个人品牌为辅”的策略。

此类策略非常适合创业者、企业家使用，如雷军、俞敏洪等。以俞敏洪为例，他带领新东方的教师们开创了东方甄选品牌，找到了直播的新形式，即一边带货，一边教授英语知识，让观众获得了物质与精神的双丰收。

很多观众是因为俞敏洪才知道东方甄选，并进入直播间购买产品。可以说，俞敏洪的个人品牌让东方甄选取得了阶段性成功。但他没有将东方甄选打造成个人品牌，而是推出更多“明星”主播，让东方甄选作为一个企业品牌而存在。此后，他的个人品牌则成为东方甄选背后的强大助力。

除了新东方与俞敏洪，另一个典型案例是罗振宇与他的“得到”App。

罗振宇原是央视的栏目制片人和主持人，自身专业能力过硬，为后来的自媒体工作打下了扎实的基础。2012 年，罗振宇打造了一款知识脱口秀节目《罗辑思维》。罗振宇以其风趣幽默却又言辞犀利的反差特点在网络上爆火，逐渐打造了自己的个人品牌，他决定乘胜追击，推出了自己的直播演讲节目。

2021 年，罗振宇的跨年直播演讲主题为“长大以后”。

2022 年，罗振宇的跨年直播演讲主题为“原来，还能这么干”。

除了跨年直播演讲，罗振宇在日常的直播演讲中也是金句频出。

“有的人生活在晚上十点，因为他留在昨天；有的人生活在凌晨两点，他必将迎接未来。同样是伸手不见五指，但这就是区别。”

“当侏罗纪快要结束的时候，恐龙必死。在侏罗纪一个地质时期当中，恐龙是何等的强大。但是，它们拖着沉重的肉身、笨重的思想，它们穿越不出这个地质季节。”

一时之间，罗振宇的金句火爆网络。他创办的“得到”App受到了大量关注，除了罗振宇外，武志红、吴军、何帆等知名学者都在“得到”App进行线上授课，受到了广泛好评。“得到”App还曾登上 App store 知识付费类年度趋势榜单。得益于罗振宇的个人影响力，“得到”App 也成了知识付费领域的知名企业品牌。

打造企业品牌和个人品牌，使二者实现双向背书，需要一个漫长的积累过程。在这个过程中，主播需要重视以下 5 个关键点。

第一，提高企业的知名度，坚持自身特色，不断创造热点话题，加大宣传力度。

第二，以完善美誉度与可信度为主要关注点，脚踏实地地提高产品质量与服务水平，真心实意地向观众输出有价值的内容，进一步夯实直播基础。

第三，对于企业品牌和个人品牌来说，忠诚度都是非常重要的。主播要以提升观众的忠诚度为目标，促进直播间持续发展。

第四，个人品牌与企业品牌的价值观、风格、定位要保持一致，而不能相悖。

第五，以真诚的态度对待观众，在企业品牌和个人品牌中注入情感。

雷军凭借企业品牌和个人品牌的双向背书，在直播时创下纪录，带货金额高达上亿元。他的直播会让观众有一种亲切的感觉，观众会不自觉地把他当成长者、朋友、老师。因此，很多观众受到他个人魅力的吸引，成为小米的忠实用户。

还有我在前文提到的学员——娜家美学整理创始人李娜，她的企业签约了很多合作伙伴。她致力于传播收纳事业给自己的家庭带来的变化，打造了高辨识度的个人品牌。同时，她也以创始人的身份推广企业品牌，为合作伙伴提供流量支持。个人品牌与企业品牌形成合力，在传播上起到了叠加的作用。这就是组合式打法，其效果要比单方面发声更好、更有力量。

综上所述，企业品牌与个人品牌相互促进、融合，并且可以共同发展，实现双向背书。如果只强调企业品牌的作用，则会令企业少了一丝人情味，无法拉近主播与观众的距离。而如果过于强调个人品牌，则可能对企业品牌产生反噬。至于如何维持二者之间的平衡，主播则需要在实践中不断摸索和调整。

第4章

场景化展示：好口才搭配现场展示

在直播过程中，为观众现场展示产品是主播必须做的事。所以，如果想让直播间有高人气、产品有好销量，那么主播除了需要练就好口才外，还需要重视场景化展示。所谓场景化展示，就是搭建直播间的场景，建立一个完整的情境，以击发观众的购买欲望。

4.1 依托场景介绍产品

大多数主播在没有经历专业训练前，基本是“自嗨型”介绍，即自卖自夸。这样的产品介绍模式通常很难让观众产生共鸣，有时甚至会让观众厌烦。

其实要做出一个好的产品介绍，应该有场景化思维：通过观众对场景的深入了解，将抽象的产品与熟悉的场景结合在一起，再利用高超的表达技巧营造画面感，进而完成产品介绍。这样介绍产品就相当于把产品说“活”了，会让观众更愿意主动下单。

4.1.1 场景搭建：内容与直播间高度匹配

直播平台中有一些观众在 10 万人次以上的直播间。这些直播间之所以有这么高的单场观看量，是因为它们搭建了超级场景，能够唤起观众内心深处的情感。

例如，一个削柿子皮的视频号直播间有着“10 万 +”的场观，就是因为这个直播间能够以朴实的内容、怀旧的故事激发观众的乡土情怀，勾起观众对故乡的怀念；一个玩老式俄罗斯方块游戏的直播间有着“10 万 +”的场观，就是因为这个直播间能够以童年游戏场景勾起观众的童年记忆。

对于主播而言，搭建直播的超级场景更有利于展示内容，吸引更多观众。怎样才能搭建超级场景呢？关键在于主播的直播主题、直播分类、在直播间分享的话题等要和整个直播间的场景高度匹配。也就是说，观众在从直播广场看见直播间，到进入直播间听主播分享、与主播互动的整个过程中，感受到的内容和开始的期望是高度一致的。这样的场景就是超级场景。

例如，某视频号主播在一个茶室里直播，其定位是知识主播，输出的内容是营销干货，选择的直播分类是教育培训。该场景吸引到的流量十分稀少。此后，该主播将直播分类调整为日常生活类，细分类别选择了日常聊天，流量随之提升。其背后的原因就在于场景的匹配性。

平台会分析主播在直播间做了什么事情、讲了什么内容，并判断这些信息与主播的直播设定是否一致。该主播之前选择了教育培训分类，但直播间场景却是喝茶聊天。这会被系统认定为内容和场景不匹配，难以获得更多的平台推流。类别调整之后，茶室场景和直播分类设置是高度一致的，更容易获得平台推流。

直播是一场表演。主播的语言、服装、场景，甚至直播间出现的音乐、灯光、道具等，都要和自身的定位完全一致，才能达到最好的直播效果。

4.1.2　产品场景化：描绘产品的使用场景

任何产品都有自己的使用场景。产品场景化就是给产品定位，在介绍产品时描绘出产品的使用场景。以五粮液集团的黄金酒为例，由于其定位是送给长辈的保健酒，所以每当年轻人想要给长辈送酒时往往首选黄金酒。“送长辈酒类礼品就送黄金酒”这句口号就将黄金酒定位成了送给长辈的礼品，成功实现了产品场景化。

场景化营销在直播中同样适用。面对越来越激烈的市场竞争，主播需要考虑如何保持观众对产品的记忆，引导观众对产品产生场景化识别，从而让观众保持对直播间的忠诚度，实现持续化经营。

场景化展示产品的步骤

场景化展示产品的步骤，如图 4-1 所示。

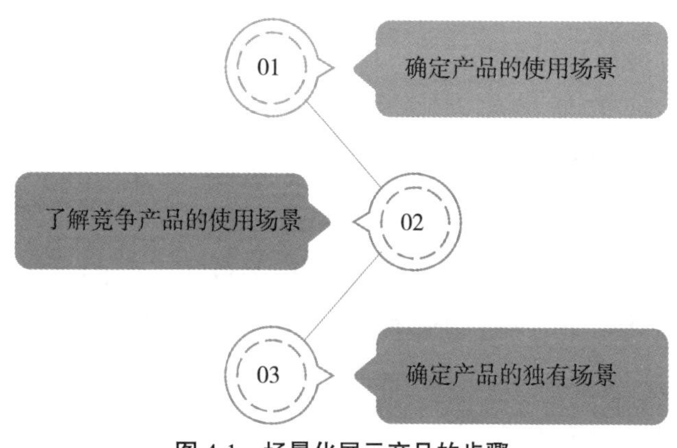

图 4-1 场景化展示产品的步骤

（1）确定产品的使用场景

确定产品的使用场景，是指确定产品可支持的使用场景。主播要根据产品的功能、形状、风格及延伸功能等因素对产品及产品的使用群体进行定位，同时明确观众对产品的需求，找到观众使用产品的多个场景。

以汽车为例，汽车的基本使用场景就是出行。因此，主播在描绘汽车的使用场景时，要依据真实生活中的场景进行描绘。例如，一些空间大的中型汽车十分适合家庭出游，而一些外观豪华的商务车适用于各种商务场景。总而言之，主播需要了解所售产品的性质和作用，然后尽可能多地寻找产品的使用场景，从而确定展示产品的角度，让产品更贴近观众的日常生活。

确定了产品的使用场景后，主播也要善于进行场景描绘，以吸引消费者下单。例如，2024 年 9 月，雷军在直播间直接试驾小米 SU7，用非常轻松的状态讲解和驾驶汽车。进入他的直播间，你会感受到，他就在你身边开着车，为你讲解他的驾驶感受和车的各种驾驶功能。在他的引导下，你会有很强的试驾冲动，于是屏幕下方就有观众纷纷打出“为小米汽车打 call”“全国都可以试驾，尽快预约当地试驾”……

在这场直播中，雷军充分引导观众的情绪和状态，让观众始终跟着自己走。他用“五感”描述法描述场景，包括方向盘是什么触感、他的驾驶体验如何、坐在车上看窗外的视觉感受如何等。这种身临其境般的描述对观众更有吸引力。

直播销售其他产品的时候，主播也可以多用“五感”描述法。例如，我的耳朵听到了嗡嗡的声音；我尝到了又酸又涩的味道，反复吐出来几次，始终觉得还是被这种酸涩卡住了；我摸到了这种面料，它的柔软前所未有，它像羽毛，像丝绸，划过我的皮肤，用手是追不上它划过的速度的；我在院子里闻到了卤鹅的味道，三步并作两步，一路小跑到厨房，想看看出锅了没有，我的口水咽得下，我的鼻子却无处安放……

用听觉、味觉、触觉、嗅觉和视觉描述对一件事情的感受，带动观众和你一起感受，从而实现情感的快速融入。

例如，一位主播在介绍一款童装时，首先对这款童装的材质进行了介绍："大家是否经常为清洗孩子的衣服而苦恼呢？六七岁的小孩子正是活泼爱动的年纪，衣服经常脏、经常换都是不可避免的。出去打个球，跑一圈，都能带回来许多污渍，看了只想把衣服直接丢进垃圾桶。但是，这款衣服能够免去您的烦恼。它使用的是涤纶面料，十分容易清洗。穿上这件衣服，孩子能够放心大胆地玩耍了。同时，您也不必再为衣服脏了难清洗而发愁，不管多脏，只需轻轻揉一揉，就跟从店里刚买回来的一样干净。"

紧接着，该主播又详细介绍了这款童装的设计亮点："这款童装制作精良，柔和的颜色、时尚的拼接都为其增色不少。衣领处还设计了荷叶边，十分漂亮。穿上这件衣服，您的孩子就是班级里最靓的小朋友。"直播间的观众听了介绍后纷纷下单，这款童装很快就成了直播间的爆款。

为什么该主播的介绍能够吸引观众下单呢？原因就是其在展示产品时加入了联想式的场景描述。通过主播的描述，观众很容易想起平时孩子的脏衣服难清洗的情况，也能够在主播的引导下想象出自己的孩子穿上这件衣服时神气的模样。通过场景描绘并引发联想，该主播成功地提高了产品的销量。

主播在展示产品时，通过场景式描述引发观众的联想，能够使观众在此过程中加深对产品的认知，增加其对产品的购买欲望，同时观众也会更加认同主播的观点。

（2）了解竞争产品的使用场景

一般来说，主播销售的产品都会有竞品，这会导致产品可选择的对应消费场景减少。面对这种情况，主播需要考虑如何选择产品的主要消费场景。如果竞争对手的产品在某个场景比较有优势，那么主播就要选择其他消费场景来发挥自身产品的优势。

例如，某主播销售的产品是新能源汽车，其竞争产品是传统的燃油汽车。在展示产品时，该主播通过亲自驾驶新能源汽车展示了汽车的诸多优势。例如，使用成本更低，百公里耗电费用在 10 元以内；没有换挡冲击，行驶更加稳定；不使用燃油、更环保等。通过直播展示驾驶场景，充分调动视觉体验感，观众能够直观地感受到该款新能源汽车的优势。

（3）确定产品的独有场景

确定产品的独有场景，或者选择可以让观众眼前一亮的产品场景。产品场景化会使观众对产品有更直接的感受，独有的场景会在观众心里留下深刻的印象。因此，主播要选择产品的独特化场景，给观众留下深刻的印象。

例如，主播在直播间销售一款汽车，这款汽车可以在商务办公、家庭出游、上下班代步等多场景使用。如果主播将汽车的所有使用场景都描绘出来，即使该款汽车拥有强大的功能，也不会让观众感受到其独特性和突出优点，从而导致观众失去兴趣。因此，主播要选择产品的独有场景，突出产品的某个优点，从而吸引观众购买。

此外，主播在展示产品时要注意让不同的消费群体对应不同的使用场景，即明确产品的具体消费人群，并按照消费人群的消费习惯描述相应的使用场景。

文案大师大卫·奥格威曾经给一个炊具品牌设计过文案，成功地把相同的产品卖给了不同的消费群体。奥格威通过调查、分析后得出结论，家庭主妇对食物烘焙的兴趣比较大，所以他突出了炊具的烘焙功能，设计了炊具用于做点心、烘焙面包和蛋糕时的场景。此外，他又根据女士爱干净的特点，设计了一个女士身穿晚礼服使用炊具为家人准备晚餐的场景。

在面对男士消费群体时，奥格威了解到大多数男士对烹饪没有兴趣，只对烧烤情有独钟，就设计了一个烧烤的场景。在面对厨师群体时，奥格威设计了另外的场景，突出了这个品牌的炊具可以节省烹饪时间和保持厨房整洁的特点。

总之，在面对不同的观众群体时，主播要突出产品不同的特点，为产品设计不同的消费场景。

主播发挥场景化思维时应注意的要点

主播在展示产品时要拥有场景化思维。具体地说，主播应考虑以下 3 点。

（1）突出产品的个性化体验

观众的体验是主播发挥场景化思维时首先要考虑的因素。在传统电商的营销过程中，由于需要满足大多数人的需求，因此规模经济占主导地位，个性消费被压制，人们购买产品的选择空间较小，也就最关注产品的价格。

随着移动互联网与经济社会的不断发展，个性化消费成为主流趋势，人们越来越重视消费体验。因此，主播要以观众体验为核心，在展示产品时突出产品的个性化，从而吸引观众。

（2）利用社群效应，建立忠实观众群体

社群效应是指有相同特征和需求的观众聚到一起形成的亚文化。通过利用社群效应，主播可以最大化地实现产品的场景化价值，从而提升观众的黏性，建立忠实的观众群体。

主播在进行产品宣传时，不但要重视产品质量本身，也要为品牌赋予意义，从而提高观众的参与感和分享动力，提升观众的消费体验。

社群运营对直播的意义重大，观众在直播间下单后，运营人员甚至可以到社群里做下单接龙。从众心理会让直播间和社群有源源不断的订单。尤其在私域直播的场景中，一旦开始有观众下单，其他观众也会跟着下单。

（3）从场景记忆到场景识别，加深观众对产品的印象

将场景记忆发展为场景识别，是主播实现产品场景化的有效措施。除了频繁地刺激观众的场景记忆，使观众对产品保持长期的兴趣以外，主播还需要提供更加综合的服务，帮助观众主动识别和发现场景，加深观众对产品的印象。

总之，主播具有场景化思维，不仅能够使观众形成场景记忆，还能使观众将日常行为、潜在需求和产品进行密切连接，并采用数据挖掘、个性塑造和动态识别等方法实现场景识别，加深对产品的印象。

场景营销会让人产生很强的代入感，让观众忍不住想象自己

也在这个场景里，也会很需要这样的产品。例如，你在直播间销售一款烧烤架，那么一定要展示聚会的场景，说明聚会是离不开烧烤的。你可以说："当你和朋友们聚会时，吃一顿美味的烧烤是很不错的选择。而烧烤怎么能没有烧烤架呢？为了和朋友相聚在一起，获得更大的快乐，烧烤架是不能少的。所以，如果你要聚会，那就赶紧下单吧！"听到这些话，很多人可能就默默下单了。

4.1.3 产品特性化：凸显产品本身的价值

除了用场景激发观众需求外，主播在展示产品的过程中也要聚焦产品本身，通过具体地介绍产品凸显产品的价值。主播在展示产品时可以通过以下几个方面介绍产品。

（1）讲述品牌故事

许多知名品牌都有生动的品牌故事。主播可以聚焦某一产品，和观众分享该品牌创立及发展过程中有意义的事件，以品牌故事彰显品牌文化、价值理念和产品诉求。品牌故事的分享能够强化观众对品牌的认知。

知识主播可以将自己的个人故事作为品牌故事的背景，非常有战略和营销意义。

我有一位名叫卢不斯的学员，他原本是电影导演，后来转型创业，定位就是做个人故事片导演，为创业者撰写和拍摄个人故事片，打造了很多创业者的个人品牌。

书写个人故事，建设个人品牌，为个人创业者提供信任背书。

这些对于创业来说有很大的战略意义，可以与客户建立深厚的信任，有助于事业的发展。

对于很多个人创业者，特别是知识主播来说，个人品牌非常重要。这可以增加知识主播的权威性，让知识主播输出的内容更能让人信服。例如，某主播的直播内容是做英语培训，那么他就可以讲述在国外生活或参加英语竞赛获奖的故事，以此为自己的英语水平背书。

（2）介绍产品成分

近几年来，观众对产品成分的关注度越来越高。他们都很关心产品中是否包含对人体有害的成分，同时也愿意为含有对人体有益成分的产品买单，如含有氨基酸的洗面奶、含有烟酰胺的乳液等。因此，主播在介绍产品时需要详细讲明产品中不含有害成分，并讲明其中所含特殊成分的功效。

我有一位名叫 Cici 的学员，她在直播间销售护肤品，每次都很认真地讲产品的成分和功能，让很多严谨的观众有可信任背书。她还会把精油的每个香型、功能介绍齐全，并把精油的配方逐一说清楚。这样一来，即使再严谨的客户，都能被说服。

（3）全方位展示产品

介绍完产品成分后，主播需要全方位展示产品，包括产品外观、使用技巧、使用效果等。

①产品外观

主播可以介绍产品的设计特点和优势。例如，在介绍一款洗发水时，主播可以介绍其按压式设计、瓶身设计等，展示其便捷、美观的优势。

②使用技巧

主播可以在直播中试用产品，展示产品的使用技巧。例如，主播在介绍一款智能烤箱时，可以详细介绍其不同的功能及使用技巧。

③使用效果

对于粉底、面霜等化妆品，主播可以展示其上妆效果，让观众明确地了解产品的使用效果。对于智能扫地机器人、智能音箱等家电，主播也需要现场试用，展示其使用效果。

例如，我有一位住在多伦多的学员，她就在直播间直接展示自己销售的美容 SPA 机如何使用。观众看了她如何对模特使用这个美容 SPA 机，效果很真实，一场直播就获得了 90 万元的营业额。

在介绍产品时，主播还可以将产品和其他同类产品进行对比，表明每款产品的优、劣势，帮助观众更好地做出选择。例如，主播在介绍吹风机时，可以从重量、静音程度、使用效果等多方面将自己的吹风机与其他品牌的吹风机进行对比，突出不同产品的特点，便于观众选择。

总之，主播在展示产品时需要从观众的需求出发，详细地为观众介绍产品外观、成分、功效等多方面的特点。只有让观众充分了解了产品的特点及优势，才能够激发观众的购物热情，从而提高产品的销量。

需要注意的是，主播只需要强调产品的不同，不能诋毁竞品，把自己产品的优势充分展示出来就好。

4.1.4　产品配套化：展示产品系列搭配

产品配套化是指将产品做成组合，满足特定观众的需求，从而提高产品的市场竞争力。例如，主播可以将电脑和显示器组合为配套化产品，从而达到“1+1>2”的效果，提高产品的市场竞争力。因此，主播在展示产品时要将有关联的产品组合起来，体现配套产品的作用及优势以吸引观众。

产品配套化的理论基础是配套效应，也被称为“狄德罗效应”。具体地说，配套效应是指人们在拥有一件新的物品后会想要配置与其相适应的物品，以达到心理上的平衡。

在 18 世纪的法国，有一位名叫丹尼斯·狄德罗的哲学家。有一天，他的朋友送给他一件质地精良、做工考究的睡袍，他非常喜欢。当他穿着华贵的睡袍在书房里走来走去时，他感到很满足，但他仍然感到一丝不协调。经过观察，他发现书房里的家具破旧不堪，地毯的风格与睡袍不搭。于是，为了与睡袍搭配，狄德罗将书房重新装修了一遍，使书房与睡袍的档次匹配。

装修完房间后，狄德罗忽然觉得他做的事让自己不舒服，因为他居然被一件睡袍胁迫了。为了记录这种感觉和现象，他就把这件事写成了一篇文章，名为《与旧睡袍别离之后的烦恼》。

美国哈佛大学一位名叫朱丽叶·斯格尔的经济学家在她的著作《过度消费的美国人》中提出了一个新概念——狄德罗效应，具体就是指人们在拥有一件新的物品后会不断配置与其相适应的物品以达到心理上平衡的现象。

根据配套效应，主播在展示产品时可以利用人们的心理进行产品的组合搭配，从而吸引观众购买成套的产品。例如，观众在购买了一条项链后，就可能会想购买与之配套的耳环或手链。因此，主播在展示项链时，可以将其与同样风格的耳环、手链等其他配饰进行搭配，共同推荐。这不仅向观众提供了搭配建议，也能促使观众成套购买产品，从而增加直播间的销量。

在知识付费领域，主播也可以进行产品配套经营。例如，现在流行的读书会模式就是把书和训练营课程整合成一套产品出售给学员。这种“书 + 训练营课程”的模式可以帮助读者和作者建立连接。以前写书的作者不知道谁买了书，无法和读者交流。有了训练营课程，就可以将书的读者群体组织起来，建立私域流量池，从而实现作者与读者更频繁的互动。

此外，我在做培训课程时还试过其他配套经营的方式。例如，我销售服装搭配课程时使用了“399+1”的销售模式，即买一个 399 元的服装搭配训练营课程，只需要加 1 元就可以再获得一个配饰搭配的训练营课程，相当于花 400 元就可以获得两个训练营课程。当时我的学员对这种模式十分受用，基本都同时购买了两个训练营课程。

总而言之，主播在设计产品套装时需要重视产品的组合逻辑，不仅要表现产品的功能组合逻辑和系统组合逻辑，还要以独特的格调和理念提升配套产品的价值，吸引观众购买。

4.2　如何提升产品的吸引力

场景化展示的目的是通过生动的描述和真实的用户体验，让观众了解产品的功能和效果。有时为了让产品更有吸引力，主播还可以借助一些辅助诱因，如赠品、销量、故事等，让观众更深刻地感受产品的价值和火爆状态，进而引导观众积极下单。

4.2.1　赠品展示：买化妆品送小样

“买产品送赠品”是主播常用的促销手段，具体方法主要包括直接赠送和附加赠送等。如果主播所送赠品与销售产品的特性相符或与其使用相关，那么可以为促销带来更大的诱因，并在某种程度上为观众使用产品带来更大的便利。

直播时，主播要反复强调直播间有赠品促销活动，同时要将赠品促销的广告牌展示在直播间最显眼的地方，尽可能地吸引观众注意。这种促销方法对观众具有很大的吸引力，可以提升观众对直播间的好感度，刺激观众购买产品的欲望。

赠品促销也可以提升观众的消费意愿，让很多其他直播间的忠实粉丝成为自己直播间的新粉丝。例如，某观众一直在甲直播间购买 A 品牌化妆品。某一天，同样销售化妆品的乙直播间开展了 A 品牌化妆品促销活动。观众以在甲直播间购买化妆品的价格，可以在乙直播间买到正品化妆品和赠送的化妆品小样，而且买得越多，获赠越多。这样，观众会受到乙直播间的吸引而在乙直播间购买化妆品。通过赠品，乙直播间降低了该观众对甲直播间的忠诚度，使其成了自己的新粉丝。

我有一位学员在直播间直播时大量派发产品小样，几场直播后吸引了一位感兴趣的代理商，直接支付 12 万元成了产品代理，与其一起经营产品。

赠品促销还具有刺激消费的作用，刺激观众向更高的消费档次转移，购买平时不常买甚至不会买的产品。例如，某主播售卖比较高档、昂贵的精品手表，虽然吸引了很多观众的围观，但转化率却很低。面对这种状况，该主播决定开展赠品促销活动。他对观众说："今天，直播间有一个超级劲爆、绝对不能错过的限时抢购活动！那就是购买我手上这款手表的朋友们，将免费获得一条价值不菲的精品手链！这条手链材质上乘、设计独特，与手表搭配起来简直是天作之合，可以让你的整体造型更加分！"他通过赠送手链来降低观众购买高档产品的心理压力，从而增加直播间的产品销量。此外，赠品促销还能够保证观众对该产品的忠诚度，鼓励观众再次甚至多次消费。

知识主播也可以选择赠品促销的方式刺激观众消费。例如，知识主播在销售自己的训练营课程时，可以赠送配套的电子书、资料包及学员分享案例等，从而增加产品的价值，提升产品的销量。

如果主播通过这种方式销售产品，那么在直播过程中除了要展示产品以外，还要展示赠品促销活动中涉及的赠品。具体而言，赠品一般分为两种类型，其展示的方法也有所不同。

（1）与产品同系列的赠品

与产品同系列的赠品，往往是主播开展赠品促销活动时首选的赠品。例如，某主播在销售某系列香水时设计了一系列赠品促销活动：该系列香水共 6 瓶，观众每购买 1 瓶香水，可以获赠 1 个小样；购买整个系列的香水，除了可以获得整套香水小样外，观众还可以获得精美礼品卡和礼盒包装。

同系列赠品与产品的关联性很高，更容易获得观众的喜爱。同时，由于在介绍产品阶段，主播已经介绍了同系列的各类产品，因此不必再介绍赠品的特性、适用场景等，只需展示赠品的包装、容量等。

（2）与产品相关联的赠品

将与产品相关联的产品作为赠品也是不错的选择。例如，在销售精品手表时，可以将替换表带作为赠品；在销售笔记本电脑时，可以将电脑包作为赠品；在销售手机时，可以将手机壳作为赠品等。

这类赠品与产品密切相关，主播在展示赠品时可以将其与产品结合起来。例如，在展示赠品手环时，主播可以在一只手上同时佩戴手表与手环，在另一只手上只佩戴手表，使两只手形成对比，展示出手环与手表一起佩戴更加漂亮，从而凸显赠品的价值。同时，主播在展示赠品时也要讲明赠品的正常售价，以便观众认识到赠品的价值。

总之，主播在直播中涉及赠品时也要重视赠品，展示赠品的特点、与产品的适配性及价值等。一些对产品犹豫不决的观众在看到赠品的价值后，往往会迅速下单，实现成交。

4.2.2 销量展示：巧妙地晒出销量图

在观众的心中，衡量产品是否值得购买的一大标准就是产品的销量。因此，主播向观众展示产品销量，能够在一定程度上坚定观众购买产品的决心。主播可以用销量图的形式展示产品的销量，但是需要注意以下两点。

（1）产品销量图要真实

一些主播为了提高自己的产品销量，往往会通过不正当手段伪造销售数据，然后晒出伪造的销量图以吸引观众消费。这种欺诈手段是主播必须摒弃的。要想长久地通过直播获利，主播就要与观众进行真诚的沟通。最好能在直播间实时显示成交情况，在炒热直播间气氛的同时坚定观众购买产品的决心，如图 4-2 所示。

因此，主播在晒销量图时一定要保证真实性，做到诚信经营。真实的销量图有助于主播与观众建立信任关系。同时，销量的不断提高也是直播间的一种正向宣传，有利于观众的留存。

（2）销量图的选取要合适

所谓合适的销量图，就是时间比较近、数据比较高的销量的截图。在选择上，主播可以借助直播活动、购物节等时机展示这些特殊时段的高销量。在平时，主播也可以筛选出每周或每月销

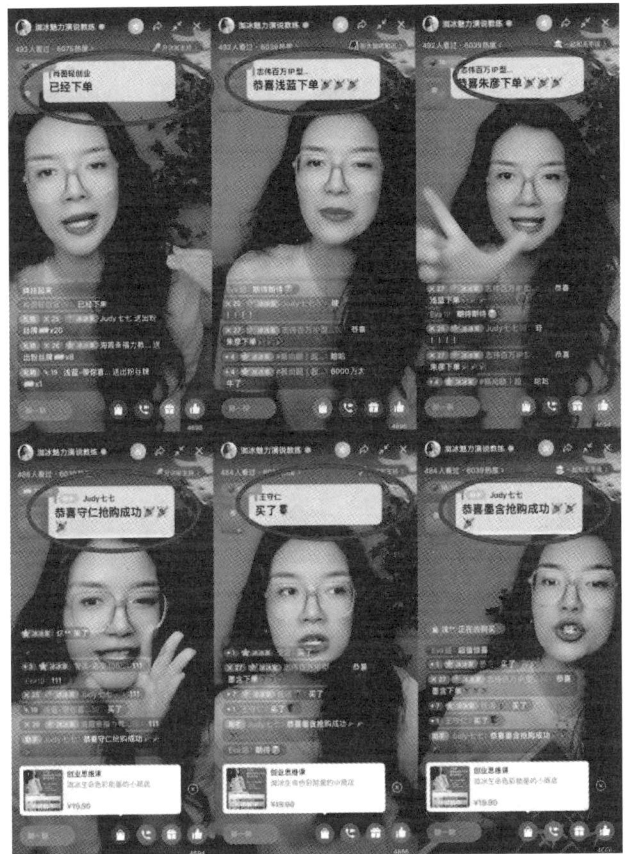

图 4-2　直播间实时成交情况

量最高的销量图进行展示。

总体来说，主播晒出销量图是一种不错的提升人气和转化率的方法，能够让观众看到产品的受欢迎度，从而在从众心理的驱使下购买产品。

4.2.3 故事展示：用故事吸引更多观众

实践证明，生硬地推荐产品通常不会有很好的效果。主播要想让观众买账，拉近自己与观众的距离，可以用故事让直播变得生动、有趣，充分激发观众观看直播的兴趣，吸引更多观众观看直播。

懂得讲故事的主播不会单纯地介绍产品，而是会在直播过程中适当地插入一些故事。他们可以通过讲故事，把观众带入产品的具体使用场景中。例如，某主播在推销一款母婴产品时就从自己的孩子入手，与观众分享亲子故事，并讲述在养育孩子的过程中遇到的问题。该主播将产品与故事融合在一起，说明产品是如何解决自己在养育孩子的过程中遇到的问题的。这样有孩子的观众自然会和该主播产生共鸣，该主播既能销售更多产品，又拉近了自己和观众之间的距离。

主播在直播过程中讲故事能够与观众建立情感连接，使自己的形象在观众眼中更立体。观众对主播产生了亲近感，自然就会认可并信任主播。

故事的使用场景还可以是在讲述产品的使用结果时。例如，有人学了很久的演讲，却没有改变演讲的结果。我有一位来自重庆的学员，因为在授课过程中总是拿不到好结果，便请我辅导了一次她的演讲课件。我帮她重新调整了课件的内容顺序，并增加了几个关键的观点。当她再次回到讲台，用我辅导过的课件和逻辑讲课时，不仅收获了全场的好评，还拿到了80%的成交转化率。所以，如果你学习了我的演讲课程，那么不仅你的演讲能深受观众喜欢，而且你的产品销量还会大增。因为演讲就是一对多的销售，其核心是一个人影响一群人的决策，所以我可以很自然地借助一个故事推进我的知识产品——演讲课程的大范围销售。

我们可以在故事中弱化产品广告，转而强调使用产品后的变化。例如，我有一个产品名为“讲师计划”，是教学员如何做直播演讲的课程。

我是这样介绍“讲师计划”这个产品的：“原来有很多学员不知道如何做演讲，也不知道如何开展直播。而且，自己做的短视频没有自我介绍，内容也不清晰，完全是一个小白。这些学员即使开了直播，在线人数也很低，导致自己越播越灰心。后来，我用‘讲师计划’这个方案，帮他们优化了自己的简历、形象照及短视频内容。我还教他们如何在直播时留住粉丝，如何转化粉丝，如何进一步提升自己的演讲能力，让直播时的表现更出彩。”

“这些参与到最后的学员的直播能力有了突飞猛进的提升。他们能够在直播间很轻松地把产品挂起来，有的人第一次直播就可以把产品卖出去。”

虽然这个故事讲的是学员的事，但推广的却是“讲师计划”这个产品。我并没有介绍“讲师计划”有什么功能，能为观众带来什么，我只是讲了过往学员的痛点以及他们使用产品后的变化。主播以“问题＋困境＋改变”的模式讲故事，可以将观众带入自己创设的情境中，让他们和故事中的人物感同身受，从而对产品产生兴趣。

还有一些人想成为主播，但是由于缺少实践，自身生产内容的能力也比较薄弱，没有办法像其他主播一样畅谈各种典故，那么这些人可以考虑先从做 KOC 入手。

实际上并不一定只有会生产内容的人才能做主播，KOC 作为产品的体验者，他可以将自己的使用体验分享出来，成为产品的推荐者。这是成为主播的另一种方法。例如，读过哪些书、学习过哪些课程、使用过哪些护肤品，这些都可以成为 KOC 直播内容的来源。对于刚加入直播行业的人来说，通过这个模式成为主播的选择性也更多，可以在不断的实践中明确自己热爱的直播领域。

第5章

挖掘需求：观众的痛点是主播的爆点

观众需要一个理由说服自己下单，这个理由可能是观众的刚性需求，也可能是主播提供的软性需求。激发和调动观众的需求是主播的必备技能，本章将介绍挖掘需求的方法，以供读者参考。

5.1 第一阶段：激发欲望

购买欲望是一切成交的基础。观众没有购买欲望，即使产品再好，直播间布置得再华丽，也无济于事。而观众一旦对某个产品产生了购买欲望，就会想方设法地得到它，根本不需要主播多做介绍就会主动下单。所以，主播要想引爆销量，就必须充分激发观众的购买欲望。因为购买欲望是一种非常感性和即兴的需求，通常会在多巴胺的驱使下产生。

5.1.1 趁热打铁：激发观众强烈的购买欲望

一部分观众在观看直播时存在明确的需求，对主播推荐的产品存在强烈的购买欲望。这部分观众是主播的核心观众。对于这些观众，主播应引导其快速下单，同时注意观众的留存情况。具体而言，主播需要做好以下 3 个方面的工作。

（1）提升观众的购物体验

在直播过程中，代替观众试用产品是很不错的做法。例如，主播要卖新款包，可以展示这款包的多种背法；要卖丝巾，可以展示丝巾的多种系法；要卖美妆产品，可以在自己的脸上试用眼线笔、口红等，让观众的购物体验更直观。现在很多吃播的直播间就是把品尝美食的极致体验展示给观众，让观众忍不住马上下单。

（2）通过多种优惠留存观众

对产品有明确需求的观众是主播最核心的目标观众，主播需要提高这部分观众的转化率，实现二次转化，甚至多次转化。在这个方面，主播不仅要在观众初次转化的过程中提醒其关注直播间的各种优惠，也要向已经购买产品的观众发放多种优惠券，如同系列产品的 8 折购物券、直播间红包、10 元代金券等，以吸引观众二次消费。在多重优惠的吸引下，这部分观众很可能成为直播间的忠实粉丝。

例如，我在 2020 年时曾推出一款年卡，会员价 520 元。2021 年时，我将这款年卡涨价到 1980 元，然后做了一个促销活动：凡是在 2020 年买过年卡的人，在 2021 年续费，只需要花 1000 元。跨年直播当晚推出这个活动时，年卡就卖掉了近 100 份，销售额接近 10 万元。

2022 年，我的这款年卡定价依然是 1980 元，依然保留了老客户 999 元续费的活动，有非常多的客户进行了复购。

知识产品不是一次性成交的，它需要长期留存客户，让他们持续订阅。因此，我们就可以采用这样的年卡复购策略，通过优惠续费、半价续费等优惠活动吸引客户长期留存。

此外，补差价策略也是我经常使用的优惠方式。例如，我在 2021 年初推出了一款价格为 1980 元的年卡，然后在 2021 年底推出了一款价格为 9800 元的产品。为了让这款产品更有吸引力，我使用了一个补差价的策略：购买过年卡的观众如果现在购买这款产品，可以抵扣年卡的费用，即 1980 元。这款产品一开卖就销售了 100 多份，销售额直逼百万元。

这是以老客户特惠的方式让一些忠诚度高的老客户持续产生复购，提升黏性，长期留存。

(3) 拉近与观众的距离

一味地推销产品很难给观众留下深刻的印象，难以转化并留存观众。因此，主播要注意维护与观众的关系，拉近与观众的距离。这样当观众需要购买产品时，就更愿意到主播的直播间购买。

在这个方面，主播可以通过讲述自己的故事与观众拉近距离。因为隔着屏幕，人与人之间的信任度必然没有面对面时高，而讲述自己的故事，可以让粉丝觉得自己和主播的心理距离很近，与主播共情。例如，主播可以分享自己在面对困难时是如何突破困境、获得成长的。这对粉丝来说，可以产生一定的激励作用。

主播也可以在直播间分享自己的一些日常经历，把粉丝带入自己的生活中。例如，“今天早上我去晨跑，结果突然下雨，我就开始享受和雨一起跑步的时光，感受这个美好的早晨。回到家里，我冲了个热水澡，喝上一杯咖啡，补充一天所需的能量。我觉得大家也可以像我一样去晨跑，感受大自然的馈赠，享受并热爱生活。”

讲故事非常容易让粉丝走近你、信任你，最后购买你推荐的产品。例如，你在讲晨跑故事时，就可以卖咖啡、跑步装备等，我相信销量会非常不错。

除了讲故事，主播还可以进行情感投入，与观众拉近距离，如分享自己的日常生活、心情、价值观等。

人们不会和陌生人分享自己的喜、怒、哀、乐，只会和自己的朋友分享。如果主播能将直播间的观众变成自己倾诉的对象，那就证明主播已经和观众成为朋友，距离自然也就近了。

我在直播行业是一个公认的非常有温度的主播。我经常在直播间和观众分享自己最近开心或不开心的事情，从情感上影响观众。例如，有一次我因为遇到了一件很麻烦的事情而感到很难过，就直接在直播间感伤落泪了。当时和我一起共事两年的员工离职了，因为我们有不同的追求，不得不各自选择更合适的工作。对于过去建立的合作情感，我有很多不舍。毕竟大家都不喜欢分离，再想起当初自己在职场的遭遇和经历就更加难过了。所以，我一时情不自禁在直播间落泪了。不过，这反而让观众看到了我很真实的一面。

此外，我还会分享一些对热点事件的看法，例如，我非常喜欢或非常憎恶的一些人的做法等，从而让我的形象更加生动、立体、真实。这样的情感投入让我和直播间的很多观众成为朋友，关系更加亲近了。

总之，对于需求明确的核心观众，主播不仅要引导其购买产品，更要通过一系列方法留存观众，将其转化为直播间的忠实观众并实现多次转化。

5.1.2　具体化表达：使观众的购买欲望变得明朗

一些观众在观看直播时需求不明确，对产品的购买欲望也不强烈。他们往往只有一个笼统的需求，如想要买一些应季的衣服、智能家电等。但对于具体买哪一件产品，他们往往没有明确的答案。对于这部分观众，主播需要做的就是将他们的需求具体化，帮助其明确自己的需求。

主播首先要从这部分观众的笼统需求入手。例如，观众的需求是“美化生活环境”，在不确定观众具体需求的情况下，主播可以明确表示，生活环境的美化要从居住环境的干净、整洁开始，而且要时刻保持干净、整洁。接着，主播就可以向观众推荐一些智能扫地机器人、干湿两用吸尘器等智能家居产品，或者向观众推荐一些制作精良的居家摆件，再根据产品的销量进一步判断观众的喜好。这样层层递进、逐步锁定观众的兴趣点后，主播就可以根据其需求准确地向其推荐产品了。

作为知识主播，也要明确观众在细分领域的细分需求。例如，我曾经有一款卖得非常好的课程叫“演讲成交力”，这个课程就是针对许多主播成交能力不足的痛点设计的。

许多人很会讲话，可以在直播间侃侃而谈几个小时，将产品的材料、生产地、特性描述得非常好，但是产品的销量却不尽如人意。这是因为他们的成交能力弱。于是，我针对这个细分的痛点，就“如何提高成交能力”开设课程。很多有类似问题的观众被吸引来下单，“演讲成交力”这个课程也成了爆款产品。

此外，主播也可以从产品的实际应用出发，为观众营造一个具体场景。例如，主播推销的产品是自动香薰机，那么主播就可以给这个产品营造场景：“大家每天下班之后是不是都很疲惫？当你忙碌了一天后回到家中，打开这个香薰机，柔和、清香的气味会缓缓充满整个房间。在这种柔和气味的包裹下，大家能够放松身心、舒缓神经，感受到家的温暖。”

这样具体的场景营造能够让观众对美好生活产生向往，使观众明确自己需要的就是主播推荐的产品，进而购买该款产品。总之，对于这部分观众，主播要做的就是为他们提供明确的需求，同时确保有对应的产品可以满足这个需求，并立刻代入场景，实现转化。

5.2　第二阶段：需求转化

观众的很多需求并不只是表面上看起来那么笼统的。主播除了需要了解观众的表面需求外，更应该挖掘那些本质的深层次需求并将其输出给观众。只有站在观众的角度找到痛点并精准切入，才能让观众和产品之间产生更深层次的互动和更高频次的接触。

5.2.1　另辟蹊径：反复强调观众的购买需求

有一类观众在观看直播时没有购买产品的想法，或者并未意识到自己的需求。对于这些观众，主播可以将其细分为以下三种类型，有针对性地为观众创造购买需求。

（1）存在痛点，但不明确

一些观众对某些产品不感兴趣，并不意味着其真的没有需求。

主播可以转换沟通的角度，以痛点激发观众的需求。

某彩妆主播曾在直播间推荐一款男士护肤品。由于观众多为女性，因此该主播在推销这款护肤品时的推荐语是“买给你们的男朋友，这个真的好用又划算”。没想到直播间的观众并不买账，纷纷评论：“他不配，下一个。”最终，这款男士护肤品的销量十分惨淡。

后来，该主播又推荐了一款男士沐浴露。在介绍完沐浴露的特点后，主播还强调了这款沐浴露的价格实惠，并对观众说道：“给男朋友买便宜的，他就不会再用你的贵的沐浴露了。”主播的这句话让许多观众忍俊不禁，并觉得十分有道理，于是纷纷下单。因此，这款男士沐浴露获得了不错的销量。

该主播直播间的观众多为女性，一般来讲，她们对男士产品是没有需求的，该主播要想推销出产品，就需要为她们创造需求。在推销男士护肤品时，只是价格划算还不能让女性观众对此产生需求。而在推销男士沐浴露时，该主播找到了女性观众的痛点，表示“给男朋友买了这个沐浴露，他就不会偷用你的了”。这种从女性观众的痛点出发的表述得到了女性观众的认可，同时激发了她们对男士沐浴露的需求。

（2）看重价格优惠

一部分观众追求实惠，看重产品的价格，折扣产品和直播销售中的优惠活动能够激发他们的购物欲，因此主播可以据此为观众创造需求。主播需要详细讲明直播间优惠活动的细则，如哪些产品有折扣、具体如何参加满减活动等；同时可以打出“厂家直销”“限时一天”等标语，吸引这部分观众购买产品。

①折扣优惠

折扣优惠是指在原来价格的基础上直接降价。例如，原价 100 元的产品，5 折优惠，只卖 50 元。这是最常见的优惠策略，主播可以将其与限时、限量等方法配合使用，以更好地调动观众的积极性。

②涨价策略

涨价策略是指在现价的基础上涨价，以让观众更快地接受现价。例如，明天产品就会涨价，只能现在在直播间享受这个价格。涨价策略是一种非常好的优惠策略，它可以给观众施加紧迫感，让他们更快地做出决策。

③买一送一

买一送一是指买一件产品送一件同款产品。例如，现在购买课程年卡，可以享受两年的服务。买一送一可以给观众物超所值的感觉，让观众觉得自己花钱买到了更多的东西。

④拼单优惠

拼单优惠是指多人下单比单人下单更便宜。例如，邀请 5 个好友拼单，每人都可以打 8 折。这种优惠方式不仅可以增加销量，还可以扩大产品的影响力，为直播间增加更多粉丝。

为什么很多观众都会被优惠价格吸引呢？这是因为人们都有追求实惠的心理。人们并不喜欢买本身便宜的东西，而是喜欢用超乎寻常的低价买到原本价格很高的产品。因此，主播通过重新制定价格策略，可以让观众产生这种实惠的感觉，从而消除犹豫，加速下单。

（3）从众心理

一部分观众追求认同感及社会归属感，希望跟随大众的脚步购买销量多的产品。这都是观众的从众心理在起作用。对于这一类观众，主播就要给产品制造爆点，强调自己推销的产品是爆款产品，销量远超同类产品或 ×× 名人也购买了这个产品。这种推销方式对这类观众具有很大的吸引力，观众也会积极地购买这些爆款产品。

例如，我们去吃饭，一般都会选择那些排长队的餐厅。很多人宁愿排长队等候一个多小时，也不愿意去另一家不排队的餐厅。这是因为人们认为排队的人越多的餐厅，饭菜越好吃，所以排队的人只会越来越多。

同样，直播也可以利用从众心理唤起观众的购买欲。例如，我们在直播推荐产品时可以这样说：“很多人都购买了这款课程，反馈非常好。”同时，我们还可以通过展示一些已购客户的评价来增强说服力。

总之，即使观众没有购买产品的想法，主播也可以为他们创造一个需求。主播可以从产品本身或观众的购物心理出发，对观众加以引导，激发观众的购买欲望，实现产品的销售。

5.2.2 好物推荐：主播的人工推手

很多时候，一些人对主播销售的产品存在需求，但直播间却难以与这部分人建立连接。因此，主播需要通过微信公众号、微博、小红书等多个平台进行好物推荐，为直播间引流。

例如，主播可以在这些平台发布文章，实现引流。值得注意的是，主播发布的文章需要展示出核心价值，即人们看完这篇文章后可以获得的东西。这样的价值可以是主播提供的干货、指南，也可以是主播提出的观点、解决方法，总之一定要引起读者的共鸣。至于主播给出的解决方案，当然就是直播间的某样产品。如果读者被主播描述的场景吸引，其需求被激发，便会进入直播间观看直播并下单。

小然是一名经常出外勤的律师，夏天即将到来之际，她对自己的护肤问题非常苦恼。此时，她在小红书看到了某主播发布的帖子“还在为夏天晒黑而烦恼吗？防晒好物推荐来了！”这个标题正好表达了小然目前担忧的问题，于是她点进帖子开始浏览。

主播在文章中为各种肤质的人推荐了不同的防晒品，行文流畅、逻辑清晰。小然很快就找到了自己肤质对应的防晒品，并且惊喜地看到这款产品在直播间有 7 折优惠，于是来到该主播的直播间观看直播并下单。

除了在多平台发布文章以外，主播也可以直接在直播过程中推荐好物。例如，主播在推荐一款智能扫地机器人时可以说：“我自己也在用这款智能扫地机器人，不仅清洁能力强、续航时间长，而且十分静音，使用体验真的很好。”介绍完产品后，主播还可以现场展示智能扫地机器人的使用效果，提高观众对产品的信任。

相比文字，直播展示的效果更能赢得观众的信任。同时，基于观众对主播的信任，主播使用过、认证过的产品也更能激发观众的购买欲。

5.2.3 产品评测：明确地说出使用感受

在一场直播中，主播可能会介绍同品类的多种产品。在这种情况下，怎样才能凸显不同产品的特点，帮助观众明确需求呢？答案就是进行产品评测。通过产品评测，主播可以展示不同产品之间的区别，同时明确不同产品的适用人群，帮助观众认清需求。

那么，主播应该怎样进行产品评测呢？以不同款式的羽绒服评测为例，主要包括以下几个步骤。

（1）现场展示与检测

主播需要分别展示不同款羽绒服的样式、前后外观等，再对每一件羽绒服进行检测。检测的内容包括是否有线头、是否跑绒、是否易浸于水等，并逐一做出评价。

（2）细节展示

在细节展示环节，主播需要展示不同羽绒服的设计细节，包括 Logo、袖口、拉链、口袋、帽子等设计，同时也需要介绍羽绒服的材质、洗涤方式等。

（3）样衣展示

在这个环节，主播可以逐一穿上羽绒服展示上身效果，根据自身感受做出重量、保暖度等多方面的评价。根据羽绒服的款式，主播可以对其进行分类，如哪些适合高个子人群、哪些适合微胖人群等，帮助观众更精准地做出选择。

（4）穿搭教学

不同款式羽绒服的搭配也不一样。在评测最后，主播可以给每一款羽绒服设计一套穿搭方案，并分别上身展示。因此，观众也可以根据自己喜爱的穿衣风格选择自己最想购买的那款羽绒服。

总之，通过评测，主播需要区分同类产品的不同特点，并给出购买建议，帮助观众最终做出选择。

主播在抖音上销售高价格的奢侈品，也要展示产品的每个细节，引导观众下单。主播作为天然的媒介，要帮助观众拆解每个细节，甚至从拆快递包裹开始替观众感受。

5.3　第三阶段：复盘

直播是一个完整的过程，直播结束并不意味着主播的工作就结束了，主播还需要为已经结束的直播复盘。复盘可以帮助主播找出问题、分析问题、解决问题，最终找到应该调整和优化的地方。这样主播才能吸引更多观众，让自己的直播间发展得更好、更长久。

5.3.1　数据复盘：聆听观众的声音

对于直播行业来说，流量只是一种表象，数据才可以反映本质。为了让自己的直播更有人气，主播需要透过表象，看到本质。所以，在结束直播后，主播应该进行数据复盘，以增进对观众的了解，明确观众的需求，使后续的直播更完善。

主播可以从以下方面开展更科学、更高效的数据复盘。

（1）基础数据

以抖音直播为例，主播需要关注以下 5 项基础数据，如图 5-1 所示。

①收获音浪

音浪收入是主播收益的一个组成部分。观众通过充值获得代币，购买虚拟礼物赠送给主播。音浪数据可以显示主播直播间的受欢迎程度，数据的增长与下降可以反映主播人气的变化。

②观众总数

观众总数是直播销售数据中比较重要的一项数据，其决定了主播的流量池等级。流量池等级的高低决定了直播间能否获得推荐，能否让更多人看到。以观众刷抖音为例，观众不断刷新推荐页，会经常刷到某主播正在直播的画面内容，同时画面出现“点击进入直播间”的引导字样，这时观众很容易被兴趣引导而进入直播间。当进入直播间的观众数量足够多时，直播间的观众总数便会获得可观的增长，主播收益也会有所提升。

③新增粉丝

抖音的直播推荐算法主要通过点赞数量、互动频率、转发数量等指标对一个直播间进行衡量。主播需要通过引导观众转发、多与观众互动等方法提高这些指标，以获得更大的被推荐的概率，

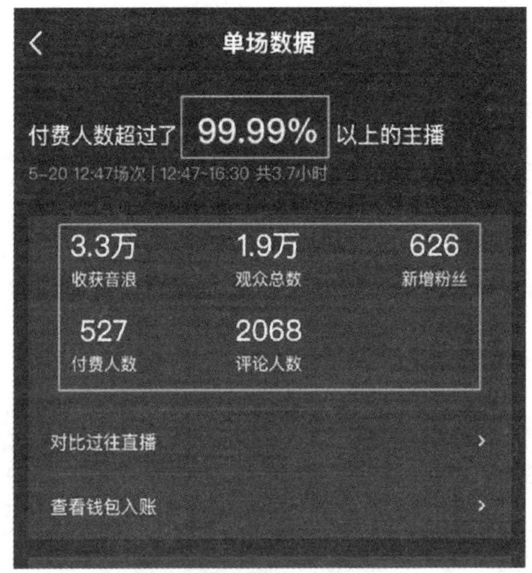

图 5-1　抖音直播基础数据

吸引更多观众进入直播间，从而将他们转化为直播间的忠实粉丝。

④付费人数

一些观看直播的观众可能会给主播送礼物，为主播付费。同时，观众通常会选择购买产品支持主播。因此，此项数据在复盘时参考性较弱。

⑤评论人数

本项数据代表直播间的观众互动情况，将评论人数与观众总数相除，互动比例在 5% ~ 10% 较正常。如果互动比例低于 5%，主播就需要思考是不是产品对观众的吸引力较小。

（2）观众来源

观众来源是主播进行复盘的一项重点数据，只有清楚观众从哪个渠道被吸引进直播间，才能对症下药，开展更有针对性、更高效的优化策略。以某主播的抖音直播数据为例，直播的观众来源通常包括直播推荐、其他、同城、关注及视频推荐 5 个方面，如图 5-2 所示。

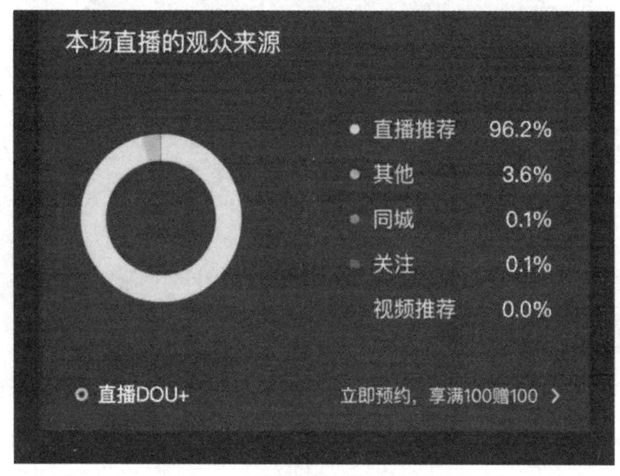

图 5-2 抖音直播的观众来源

①直播推荐

观众来源中占比最大的部分，可以说大多数观众都是通过直播推荐、直播广场等入口进入直播间的。主播可以通过引导观众互动，提高直播间的热度，如鼓励和引导观众发送弹幕、点击关注、点赞等。

主播在直播时往往会重复说一些语句，如“关注直播间下单后可以进行抽奖”“如果你觉得这件产品不错，请点一下小心心”等。这样是为了提升直播间的点赞量与互动率，以获得直播广场中更高的推荐位。

②其他

包括 PK 连麦及小时榜。主播可以与流量高于自己的主播进行连麦，达到引流的效果。

③同城

主播需要打开定位系统，精准吸引同城观众观看。

④关注

主播要有固定的直播时间，吸引已经成为粉丝的观众定时观看。

⑤视频推荐

主播可以选择在直播前发布预热视频进行引流，吸引更多观众观看直播。

（3）4 项重点数据

除了以上数据之外，主播还需要关注观众停留时长、平均与峰值人气、产品转化率及 UV 价值 4 项重点数据，以便对直播进行更深层次的评价与考量，如图 5-3 所示。

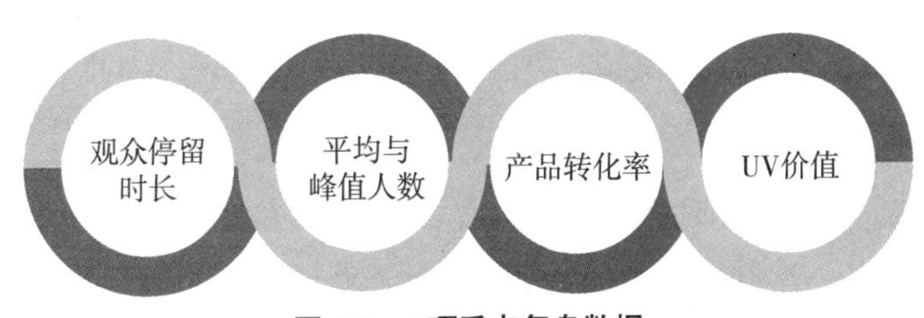

图 5-3　4 项重点复盘数据

①观众停留时长

观众停留时长是衡量直播间吸引力的重要指标之一。观众的停留时长可观，代表主播的直播技巧与产品选择都相对出色；反之则不然。观众在直播间的停留时间越长，越有可能产生购买行为。主播可以通过发红包、互动抽奖等方式留住观众，尽量提高观众的停留时长。

②平均与峰值人数

平均人数可以作为一个指标，衡量直播间人数的波动区间，用于观测峰值与低谷分别出现在何时，并分析数据低谷是不是因为产品选择不当或直播气氛低迷而产生，以及数据峰值是不是因为产品或活动大受欢迎而出现。

③产品转化率

用下单人数除以观看总数即可得到转化率。此数据是衡量直播间收益的关键指标，也从侧面反映了主播能力的高低。

④ UV 价值

随着流量越来越贵，引流成本逐渐增加，主播除了需要分析如何增加观众总数以外，还要关心如何让每个被引流过来的观众完成转化，实现更高的价值。UV 价值意为访客价值，其计算方式为“UV 价值 = 销售额 / 访客”。其中，销售额包括产品的成交额和观众为主播刷礼物的金额。主播需要做好观众维护，在有限的成本上实现更高的价值。

复盘意味着一次直播的结束，并且它能够为下次直播提供更多经验。在直播结束后进行复盘，主播可以从第三人的角度客观地审视自己在直播过程中的表现，从而总结经验与教训，以便下次直播时能够做得更好。

5.3.2　直播复盘：根据观众反馈调整表达方式

很多人在直播时不懂得流量变化的内在逻辑，将直播间流量的多寡视为玄学，每次直播都是尽人事、听天命。事实上，我们通过对直播数据的记录和研究，可以发现直播流量的逻辑算法。以视频号直播为例，其直播流量监测表如表 5-1 所示。

表 5-1　视频号直播流量监测表

直播时段	开播	5 分钟	15 分钟	30 分钟	60 分钟	90 分钟	120 分钟	下播
时间点	20:29	20:33	20:45	20:59	21:29	22:05	22:42	23:09
看过人数	44	86	219	544	1246	2191	3507	4230
在线人数	39	55	99	120	142	147	131	109
话题内容	刚开播	发红包	干货	干货	连麦	连麦	干货	结束

任何一个平台，无论是视频号，还是抖音、小红书，都不会无缘无故地给主播分配流量。平台能给主播流量，代表主播对平台有价值。怎样的主播对平台有价值呢？答案是能够帮助平台留存用户的主播。换言之，热度越高的主播，越能留存用户。

那么，直播间热度又是用什么衡量的呢？我们可以用 6 个具体的数据衡量直播间的热度，这 6 个数据分别是直播时长、在线人数、礼物量、点赞量、评论量及订单成交量。

（1）直播时长

直播时长是一场直播时间的总长度。根据视频号的规则，低于 30 分钟的直播时长不算有效直播，所以建议每场直播的时长要在 1 小时以上。

直播时长是主播为平台贡献内容的硬指标。只要主播在平台上开播，就是在给平台贡献内容和时长。主播贡献的内容和时长越多，平台给主播推送的流量就会越多。

（2）在线人数

在线人数分为实时在线人数和最高在线人数。实时在线人数代表直播间当下的人气，最高在线人数是直播间在线人数的峰值。主播在直播间页面可以看到实时在线人数，只能在下播之后的数据里才能看到最高在线人数，如图 5-4 所示。

还有一个数据就是平均在线人数，这个数据可以基本确定主播的铁杆粉丝数量。其实，从某种意义上说，平均在线人数更能反映主播的能力。

此外，还有累计观看人数和新增关注。累计观看人数可以反映一整场直播共有多少人进入过直播间，也就是观看直播的总人数，如图 5-5 所示。进过直播间的人越多，证明直播间的人气越高，关注度越高。新增关注可以反映一场直播有多少新粉丝关注了主播，如图 5-6 所示。新粉丝越多，证明主播的获客能力越强。

主播可以通过观测在线人数，了解自己的粉丝黏度，然后定期对比分析，观察这个数据是否有所增加，这样就可以看出粉丝群体有没有扩大。

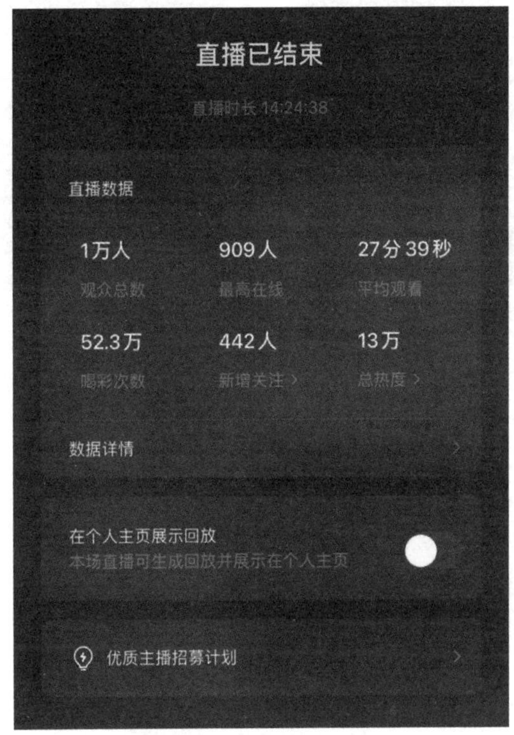

图 5-4　最高在线人数数据

（3）礼物量

观众给主播送礼物能够很大程度提升直播间的热度，而直播间的礼物量也影响着直播间所能获得的平台推送的流量。以下是我某场直播的观众送礼数据，从中可以看出哪位观众付费最多，与我的亲密度最高，如图 5-7 所示。

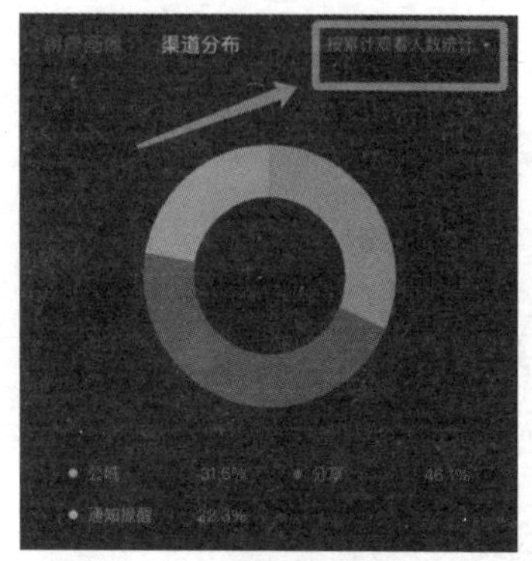

图 5-5 累计观看人数数据

图 5-6 新增关注统计数据

送礼详细数据

1	元气姐姐的多维空间 29	311	1	李医生健坛 27	71
2	周华 27	299	2	董叔早餐频道 18	30
3	丁秋棠 21	169	3	常存逆龄面部瑜伽 25	30
4	德歌畅想 41	106	4	沐晴 3	26
5	娟子皇后 30	103	5	涓娟幸福养生 27	20
6	月月西厨 28	100	6	柳国谈财务自由 10	16
7	冀大妈说健康 28	100	7	爱美育妈 14	16

图 5-7 某场直播的观众送礼列表

（4）点赞量

点赞量就是观众点击直播间右下角大拇指的次数。关于直播间点赞，有一个隐藏的功能：只要 50 个人同时点赞，就能召唤出掌声。掌声召唤出来，整个直播间的气氛立马就活跃了。

（5）评论量

直播时会有一个实时显示聊天画面的公屏，也就是评论区。评论量是一个非常重要的数据指标，观众愿意在公屏上评论就代表他们有互动意愿。直播间公屏上的评论越多，直播间的气氛就越活跃，主播和观众之间的连接就越紧密。

（6）订单成交量

订单是粉丝忠诚度和主播热度最直接的体现。观众对主播的认同，最直接的表现就是购买主播带货的产品。在直播领域，带货是最直接的变现方式。淘宝、快手、抖音都用 GMV 作为衡量主播价值的指标，视频号也不例外。

影响订单成交量的因素有两个：一个是订单数，另一个是订单金额。订单金额当然越大越好。但如果订单金额一时难以有所提升，那么主播可以先致力于提高订单数，因为订单数背后关联的是观众转化率。

以上 6 个数据直接影响着直播间的热度，而热度的高低又会直接反馈在单场直播的观看量上。任何直播平台都有一些指标衡量直播间的质量。直播间的热度越高，代表主播留存观众的能力越强。对于平台来说，能够为平台加分、帮助平台留住用户的直播间就是优质直播间。平台也一定会将流量推送给这样的优质直播间。

因此，主播要针对以上 6 个数据指标不断复盘，提升自己直播间的热度，这样才能获得平台分配的更多流量。

数据是一个强有力的复盘工具，所有主播都要把数据作为首要指标重视起来。只有不断对数据进行分析、迭代，主播才能明确自己的进步空间和直播方向，做出更好的调整。

第6章

引爆销量：让直播间的订单迅速增长

如今，直播虽然已经成为带货的最佳途径之一，但很多直播间都面临着一个共同的挑战：订单迟迟没有增长，即使在抖音上投放了 DOU+，销量还是不温不火。其实，这些直播间难以实现销量突破的原因是没有掌握引爆销量的方法和技巧。本章从宣传预热、打消观众顾虑、巧妙促销入手，教主播如何引爆销量，获得更多订单。

6.1 宣传预热：吸引更多观众关注

宣传预热是直播的重要环节。如果主播精心准备了直播内容，设计了丰富的直播活动，却没有吸引足够多的观众，那么直播也难以完成更多转化。因此，主播有必要做好直播的宣传预热，为直播造势。本节将介绍 4 种预热活动设计方法，供主播参考。

6.1.1 产品造势：用热销产品吸引观众

直播宣传预热要展示直播的核心内容，展示直播对观众的吸引力，以便调动观众观看直播的积极性。在这个方面，用热销产品为直播造势是宣传预热的重要手段。

众所周知，每年的“双十一”购物节是电商的狂欢盛宴。很多主播都不约而同地在“双十一”前录制和品牌方讨价还价的短视频，要求品牌方给粉丝“破天荒的福利”，并说明这个“破天荒的福利”只能在“双十一”当天的直播中才能享受，以引导更多人提前锁定优惠。

还有一些美妆主播甚至在“双十一”前一个月便经常在抖音上分享美妆技巧、产品试色、护肤心得，同时预告预售产品和优惠信息。这些主播还会在微博上发起“××美妆狂欢节”话题挑战，鼓励网友分享自己的美妆心得或期待购买的产品，以激发网友的参与感和好奇心，促进品牌曝光。根据反馈数据和市场趋势，这些主播会选择一些热销产品，如秋冬限量款口红、明星同款粉底液、高效护肤美白套装等吸引观众，并为观众提供独家折扣或赠品。

在“双十一”购物节前一周，某主播每天都会在直播间组织“猜猜产品是什么”的游戏，通过产品描述让观众猜测即将预售的产品有哪些，以保证直播的趣味性和吸引力。为了给观众制造紧迫感，该主播还设置了粉丝专属优惠码，告诉观众：“只要是前 100 名下单的粉丝，在‘双十一’当天就可以获得额外赠品或折扣，后续下单的观众也可以享受递减优惠。”

通过“美妆潮品狂欢节”预热活动，该主播成功吸引了大量关注，为“双十一”期间的销售打下了坚实基础。同时，通过高质量的直播内容和创新的营销策略，该主播的个人 IP 知名度进一步提升，她与粉丝的关系也变得更紧密。

在“双十一”当天，该主播还邀请其他美妆博主和网红做客直播间，和他们一起带货。再加上她前期的预热活动，当天的销量十分可观，销售额也突破了她的最高纪录。

除了通过热销产品的预售吸引观众以外，主播在预告产品时也应该注意引起观众的好奇心，只展示直播内容最有吸引力的一部分。这部分可以是极具卖点的产品，如知名明星代言、限量款产品等，也可以是某款产品的亮点介绍，总之一定要展示直播的吸引力。

6.1.2　福利吸引：巧妙地介绍超值优惠

直播的超值福利宣传能够吸引更多观众。在通过这种手段进行宣传预热时，主播需要通过一系列福利的超值性、福利产品的稀缺性等营造出优惠活动来之不易的感觉。

例如，某主播和某化妆品品牌进行联合直播。因为这次直播销售的产品是由品牌商直接供货给主播，没有中间商赚差价，所以产品的价格远低于市场价格。该主播的直播预告文案如下。

> 今晚直播中将会抽取 10 人送出第八代 iPad，抽取 5 人送出 HUAWEI Mate 40E Pro 手机，抽取 1 人直接送万元红包。但这并不是今晚直播的最大福利，最大福利是 ×× 品牌彩妆套装历史最低价上线直播间，每名观众都有机会抢到，买到就是赚到，今晚 7 点等你来拿！

该主播首先用诱人的抽奖活动预告吸引观众的目光，接着话锋一转，表示这并不是直播中的最大福利，直播中最大的福利是让所有观众都能以历史最低价格购买 ×× 品牌彩妆套装。通过文案中的寥寥数语，观众的好奇心被充分调动起来。但是，该主播并没有说明产品的价格，这更让观众对直播充满了期待。

在直播预告中预告福利的目的是让观众对直播产生期待感，刺激观众观看直播。为了增强直播的吸引力，主播要营造出该福利的稀缺感。当产品在价格方面存在优势时，主播可以把低价作为福利预告的重点；当产品在稀缺性方面存在优势时，主播也可以此作为营销重点，营造出稀缺感。

例如，某主播和一个知名的化妆品品牌达成合作。品牌商除了提供一些经典的彩妆产品外，还提供了 1000 支限量款口红，并赠送口红小样。因为这款口红十分受欢迎，在很多地区都卖断货了，所以该主播就在直播预告中重点介绍了这个福利："大热 ×× 口红惊喜来袭，限量 1000 支，买口红送小样，抢到就是赚到！"

该主播在直播预告中突出了"大热口红""限量 1000 支""买口红送小样"等惊喜福利，营造出了福利的稀缺感。这在吸引更多观众关注的同时，也极大地激发了观众的购物欲望。

当主播可以给予观众超值福利时，就可以从福利的稀缺性出发，发布福利预告。无论是"历史最低价"，还是"限量款产品"，都可以营造出此次福利的稀缺感，让观众对直播充满期待。

6.1.3　邀请有礼：活跃老观众，吸引新观众

邀请有礼是主播吸引观众的常用宣传方式。通过这种宣传方式，主播既可以活跃老观众，又可以吸引更多新观众。在通过这种方式进行宣传预热时，为了保证效果，主播一定要尽可能加大开展邀请有礼活动的力度，为观众提供实实在在的优惠。

主播可以通过以下两种方式开展邀请有礼活动。

（1）使用邀请码

使用邀请码是一种相对烦琐的邀请方式。老观众使用邀请码邀请新观众时，双方都需要记录邀请码，而且还要通过指定渠道填写邀请码。因此，邀请码的应用场景相对较少。

那么，哪些场景适用邀请码呢？在为了体现活动的稀缺性时，主播可以使用邀请码开展活动。例如，为了回馈一直支持自己的

老观众，某主播精心安排了一场专场直播，其间所有产品将会以 5 折出售，以表示对老观众的感谢。在这种情况下，为了体现对老观众的重视，主播可以通过向其发放邀请码的方式邀请其参与直播。

（2）分享链接或二维码

分享链接或二维码是开展邀请有礼活动最常用的方式，其优点是方便、快捷，可以快速传播。

通过分享链接或二维码开展邀请有礼活动的流程如下：

①老观众发起邀请，把邀请链接或二维码分享给新观众；

②新观众接受邀请，进行注册，参与活动并下单；

③新观众注册后可获得奖励，奖励的内容一般为产品优惠券；

④老观众邀请的新观众注册和下单后，老观众均可获得奖励，奖励的内容可以是产品优惠券或产品实物。

在通过邀请有礼活动对直播进行宣传预热时，主播需要注意以下 2 个问题。

第一，老观众邀请新观众的积极性可能不是很高。因为老观众只能在邀请新观众成功后才可获得奖励，而如果主播提供的优惠力度不够，那么老观众邀请新观众成功的概率就会较低。

第二，新观众接受邀请的概率和主播提供优惠的力度成正比，如何以较低的投入获得最大的宣传效果是主播需要认真思考的一个问题。

为了解决以上两个问题，主播要设置合理的老观众奖励机制，让老观众在发起邀请后就可以获得一个小奖励，这能够让老观众获得即时的满足感。同时，如果老观众发起邀请时总是获得相同的奖励，那也会挫伤老观众持续邀请新观众的积极性。对于这个问题，主播可以用两个办法解决。第一，主播可以把老观众奖励改为随机奖励。第二，老观众邀请的新观众越多，获得的奖励也会越多，主播可以为老观众设置阶梯式奖励规则。

除了设置合理的老观众奖励机制以外，主播也可以将新观众的奖励设定为随机奖励，如最高获得 100 元无门槛优惠券等。主播可以通过控制优惠力度和中奖比例来控制活动成本。

邀请有礼活动的宣传效果与主播的设计方式密切相关。主播在开展该项活动时，一定要使用好各种小技巧，这样才能够将活动的宣传效果最大化。

6.1.4 拼团模式：引流型产品助力观众数量增长

以优惠著称的拼团活动能够激发观众的购物热情，促使其积极分享拼团链接，吸引更多人参与活动。因此，主播可以改变销售形式，开展拼团活动。

刘畅是某平台的知名主播，通过长期的直播积累了一些忠实观众，直播间的销售数据也十分亮眼。为了进一步提高直播间的销量，2021 年“双十一”前夕，刘畅决定组织一次拼团活动，借节日之机激发观众的购物热情。于是，刘畅在 11 月 5 日的直播中预告了“双十一”当天的拼团活动，活动规则如下。

（1）“双十一”当天以两人团的方式开展拼团活动，激励观众迅速抢购。

（2）设置优惠梯度，买得越多，优惠力度越大。例如，观众购买某彩妆套装，一套的价格为 499 元，两套的价格为 899 元。

（3）11 月 11 日当天，消费额最高的观众将获得店铺赠送的价值 999 元的美白套装。

（4）在拼团活动中，如果老观众带动了新观众参加拼团活动，那么老观众将会获得额外的返利优惠。

除了发布活动规则之外，刘畅还在直播中详细地为观众讲解了参与拼团活动的产品种类、与平时相比的优惠力度等，进一步激发了观众拼团购买的积极性。

通过预告超值优惠的拼团活动，刘畅的直播间吸引了大批观众，在“双十一”当天，拼团活动一开始，店铺的销量就节节攀升。为了进一步刺激观众的购物欲望，刘畅还在直播间以“观众昵称 + 所购产品名 + 数量”的形式实时晒出观众的购物清单。这种行为极大地活跃了直播间的气氛，也促使了更多观众积极拼团下单。

此次活动结束后，刘畅的店铺在 11 月 11 日当天的销量是平日的 3 倍，观众复购率也大大提高。

6.2 打消顾虑：让观众迅速下单

很多主播在直播过程中都遇到过这种情况：即使已经反复强调了产品的优点，观众也表现出了一定的兴趣，但他们就是不肯立即下单，依然在观望。而观众表现出观望态度一般是出于以下几种顾虑：产品价格较高，超出预算；产品的功能不够全面；产品的可替代性强等。因此，主播要学会从多个角度出发，通过合理报价、强调优势、鼓励预购等多种方式打消观众的顾虑，引导观众快速下单。

6.2.1　预设场景：激发观众的购物热情

如果主播推销的产品能够满足观众的需求，那么产品的这个特点自然会成为产品的卖点。主播需要加强介绍产品的卖点，激发观众的购物热情，提高产品的销量，如图 6-1 所示。

图 6-1　将痛点转化为卖点的方法

（1）加强介绍卖点，淡化产品的痛点

心理学中有一种光环效应，即当一个人的优点足够多、足够耀眼时，他的一些不足便会被掩盖。对于直播销售来说也是如此，主播可以通过反复强调产品的卖点，淡化产品的不足之处。例如，一位主播正在推销某款高端耳机，该款耳机的价格昂贵，但是性能十分优越。此时，主播就可以通过反复强调这款耳机的优越性能，展示该款耳机的高性价比，这样就能够淡化该款耳机单价高的缺点。

（2）提供附加服务解决产品的痛点

除了强化产品的卖点之外，主播也可以通过增加产品的附加服务淡化产品的不足之处，让附加服务成为产品的新卖点。

例如，一位主播向观众推销一款饮水机，并且承诺如果因饮水机自身的问题导致饮水机的滤芯使用寿命变短，观众可以联系客服免费更换滤芯，并且凭借订单截图，观众还能够得到每半年一次的滤芯清洗服务。

主播后续提供的附加服务建立在预设饮水机出现质量问题之上，使可能存在的饮水机质量问题得到了解决。而免费更换和免费清洗这两项附加服务也被增加到了后续的产品销售中，很多观众听说这两项服务后都表示要优先考虑这个品牌。

（3）观众的需求痛点即卖点

主播可以根据观众的痛点调整产品的卖点。这时主播需要放大观众的痛点，强化观众对产品的需求。

例如，主播在向观众推荐苹果蓝牙耳机时，就通过放大观众的痛点，强化了产品的卖点。有人戏称蓝牙耳机会慢慢地丢干净，先丢一只耳机，再丢另一只耳机，最后充电仓也丢了。因此，对于用户而言，蓝牙耳机的最大痛点就是容易丢失。

针对这个问题，主播在推荐苹果的这款耳机时着重强调了它独有的警报功能。例如，当两只耳机的距离超过 3 米时，该耳机就会在手机上发出智能提示，这在很大程度上能够避免耳机丢失的问题；或者当用户不慎把整个耳机落在某处，它也会通过独有的 GPS 定位系统在手机上向用户反映耳机当前所处的地理位置。该主播正是通过预设耳机丢失的场景，不动声色地解决了观众的需求痛点。

6.2.2　合理报价：玩转报价“攻心计”

主播在报价时可以利用多种方式给观众一些新鲜感，也可以通过悬念式的报价激起观众对产品的好奇心，让观众积极参与直播互动。主播在报价时只要能够把握观众的心态，抓住观众的重点需求，满足观众追求实惠的心理，就能够调动观众的积极性和参与热情，让观众愿意下单。

（1）设定产品的锚点价格

主播要想让观众认为产品物有所值，那么就要为产品设置锚点价格。锚点价格可以让观众对产品现在的价格有一个正确的认知。

实际上，设置锚点价格是利用了价格对比策略，设定一个可供参考的更高价格，让观众感受到产品在直播中的销售价格更加实惠，进而促使观众下单。

例如，主播在直播中向观众推荐了某户外用品品牌的最新款登山鞋，但他没有直接拿出鞋子报价，而是通过引导观众讨论户外运动，将话题引到了登山上面，进而让大家思考市面上的登山鞋的价格范围。在确定了价格上限为 500 元后，该主播拿出了 299 元的新款登山鞋并反复强调其原有价格，宣称如果在 10 分钟内下单还会再减 30 元。

对于知识付费类主播来说，他还可以设定一些非卖品。例如，某位主播是面向企业做服务支持的，他的课程价格基本在 3 万 ~ 5 万元，但他还有一门课程的价格是每年 100 万元，并且不会出售。那么，他为什么会推出一项不会出售的高价课程呢？原因在于他掌握了观众追求实惠的心理。

观众在看到这位主播推出 100 万元的课程后，就会认为这位主播既然能够推出价格如此高昂的课程，自然质量过硬，那么自己购买的 3 万元课程想必也是物超所值，十分划算。这位主播就是通过设定锚点价格，让观众在心中对自己销售的产品有初步的价值判断。

主播在报价时设定产品的锚点价格，使观众感受到自己现在购买该产品能获得实惠，观众自然愿意下单，直播间的销售额也就会提升了。

（2）大牌平价替代款

产品的质量往往与其价格成正比，这意味着一款高质量的产品并没有什么价格优势。这时，如果主播想让观众迅速认识到该产品的价值并愿意为其买单，不妨寻找一些同类的大牌产品与自己的产品进行对比。

大牌产品对于观众来说耳熟能详，观众对其价格、质量、性价比都有清晰的认知。如果观众能够意识到这款产品有媲美大牌产品的质量，却有着更低的价格，那么主播报出的价格即使稍高，也能够很快被观众接受。因为大牌产品的价格和主播所推销产品的价格之间的差距，能够使观众迅速发现主播所推销产品的高性价比。

例如，完美日记的主播在直播推销口红时经常会与其他大牌口红对比：

"这支口红的颜色和某品牌某色号的颜色几乎一模一样。"

"这不就是某品牌的颜色吗？"

主播通过将自家口红与其他大品牌对比，更能够凸显完美日记的优越性价比。

当然，主播在宣传大牌平价替代款产品时也需要注意，不能随意地讲某件产品就是大牌产品的平价替代款。如果主播所推销产品的功效与主播宣称该产品能够替代的大牌产品的功效相差太多，那么主播就会失去观众的信任。主播要想宣传一款产品是大牌产品的平价替代款，就必须以事实为根据。

(3) 不要先亮底价

在介绍某产品时，如果主播一开始就把折后价告诉观众，就相当于亮出了自己的底牌，把选择权交到了观众的手上。而产品的价格过低不一定能够吸引观众购买，反而会令部分观众对产品的质量产生怀疑。

任何产品都是先有价值，后有价格。主播要想以理想的价格把产品卖出去，就要让观众认可产品的价值。在这个过程中，主播要适当地制造一些紧张气氛。例如，“这件产品的原价是 3000 元，现在在直播间下单只需 2680 元！但是，我还为各位观众争取到了 300 元的降价福利，也就是说只需要 2380 元的底价就能拿下！如果有谁想要以底价拿下这件产品，就在直播间打‘111’，让我知道你想要这件产品。”

如果有观众打了“111”，那么主播就可以放出一部分 2380 元的链接让观众抢拍。实际上这就是做底价的一种策略，不要上来直接报底价，而是通过与观众的互动亮出产品底价。这样既活跃了直播间的气氛，又能够促成更多的订单。

总之，报价是一个与观众互动、玩心理游戏的过程，而不只是向观众展示价格而已。

6.2.3 明确优势：让观众觉得物超所值

主播在推销一款产品时，不要一开始就报出产品的价格。在观众还不了解产品的情况下，主播报出产品的价格会让观众心中没有衡量的标准，进而失去比较的兴趣。同时，一旦观众先了解产品的价格，再听主播介绍产品时也会不断地拿该产品和其他同等价格的产品对比，而这样的对比往往会使观众更加挑剔，对产品的价格产生异议。

所以，主播应该先向观众介绍产品的优势，在观众对产品有足够的了解之后再对产品进行报价，让观众在心中有一个衡量的标准。

例如，抖音健身主播“安娜健身”拥有几百万粉丝，她在推销自己的健身课程时并没有直接报价，而是在直播过程中先带领观众做燃脂运动，让观众感受到跟着主播做运动的效果远比自己运动要强后，再细心地带领观众做肌肉拉伸运动，讲解各个细节、技巧。同时，安娜还会为观众讲解健身的重要性。

此时，观众已经完全了解了跟随安娜健身的好处。所以，当安娜最后提出今天这套燃脂课程的售价为 4999 元 30 个课时的时候，观众已经能够接受这个报价了，有购买意愿的人也会增多。除了健身课程有锻炼、指导的内容，安娜还会在课程中为观众讲解各种健身的技巧，以及如何进行健康的饮食搭配。

细心、全面地讲解内容正是安娜健身课程的优势，一旦观众建立了这个意识，他们对产品的价格就会放松要求。

花一项产品的价钱买多种服务，这种方法在课程销售领域最常见。例如，在知识付费类主播中流行一种促销策略——办理年卡。

我在 2021 年做训练营课程时，年卡的价格是 1980 元。如果观众提前预约，可以减 980 元，并且获赠 10 盒共计 990 元的面膜。当时的促销效果非常好，因为对于观众来说，这相当于花 1000 元买到了原价 1980 元的年卡，就是物超所值。实际上，这对于我来说也是一种打组合牌的策略。当然，我会用成本价采购面膜，让这款面膜和年卡产品组合起来，实现超值产品组合。

在让观众觉得物超所值的同时，主播自己也要注意控制好成本，不要一味地亏本赠送服务或产品。

6.2.4 学会共情：让成交量爆发式增长

容易被记住的主播，都是会充分调动观众情绪的人。充分激发观众的想象是一种调动情绪的有效方法。例如，主播可以这样说："想象一下，如果你现在……"在要求观众开始想象后，主播需要给观众几秒钟的时间，让他们创造出一个想象中的场景。

外行的主播只关注视觉，而专业的主播则要求观众在想象时调动自己的所有感官，包括视觉、嗅觉、听觉、味觉等。此外，主播还可以把观众带入故事，或者鼓励观众设想自己未来的生活，引爆观众的情绪点。

例如，某主播在推销某品牌的洗脱烘高端一体洗鞋机时说道："你晚上下班回家时，可以直接将鞋子放进洗鞋机里。这样你原本用来刷鞋的20分钟就可以用来和亲人沟通感情，如帮你的爱人刷刷碗，和孩子拼一会儿积木。在这20分钟里，你还可以给远在老家的父母打个视频电话，聊聊近况，这样的场景光是想想就很幸福。所以，你不要觉得1088元的洗鞋机不值得，1088元能够换来多少与亲人沟通的时间啊！"

直播间的观众在听到主播的描述后会十分感动，心中的天平最终也倾向了亲情。相比亲情，1088元的价格又算得了什么呢？最终，这款洗鞋机的销量十分可观。

这位主播引发观众共情的关键在于善用"脆弱的力量"，以此调动观众的情绪，触碰观众心中最柔软的部分，通过相同的体验引发共情。所以，主播要把自己变成情绪的代表，让观众一产生这种情绪就能想到自己，使自己成为给他们留下深刻印象的存在。

主播在激发观众的情绪时一定要换位思考，用自己的思路考察、挖掘观众的情绪和心理变化，并对这些变化进行分析和总结。

主播要重视观众的情绪和体验，用真诚的情感影响观众，绝不能乱搞噱头，欺骗观众，否则不仅会让观众不满，还可能损害自己的形象。在如今信息快速传播的时代，主播更需要严格注意这一点。

其实，共情效应在我们的生活中被应用得十分广泛。对于主播来说，直播不是说给自己听，而是说给观众听的。因此，主播要在直播前做好准备，了解观众的基本情况，揣摩观众的心理，尽量满足观众的需求，为观众营造良好的氛围，做到有趣、有理，让观众喜欢你的直播。

6.2.5　预付定金：大幅缩短观众犹豫的时间

很多观众在最终下单前会犹豫不决，这时主播就要赶紧提出让观众付款，以防观众在犹豫后失去了购买的欲望。

有时候主播推销的是预售产品，可能在主播介绍产品时，有很多观众都会表达购买意向，但等产品上架后这些观众的购买欲望已经减弱了，因此真正下单的观众并不多。

以在视频号直播卖货的主播“大唐果蔬”为例。“大唐果蔬”是一个农民创业账号，它的直播通常由粉丝称呼“唐大哥”的唐某和其家人完成。“大唐果蔬”店铺中的水果几乎全是来自自家果园，每到一种水果成熟的前夕，唐大哥都会在直播间预告即将上架的水果。

2022 年 6 月初，果园中的富士苹果即将成熟，唐大哥在直播间详细介绍了富士苹果的优点，并向观众预告了苹果的上架时间："我们家的苹果正在采摘打包中，会在 15 天后上架。到时候，大家一定不要忘记购买。"令唐大哥感到意外的是，虽然看直播的许多观众都表明了自己的购买意向，但是苹果上架后的销量并不理想。

在经过反思后，唐大哥认为苹果销量不高的原因就在于自己在直播时并未及时满足观众的购物需求。一个月后，果园里的沙地板栗红薯快要成熟了。在这次进行预售直播时，唐大哥除了介绍沙地板栗红薯的品种、特点之外，还在直播间放上了预售链接："沙地板栗红薯将在 5 天后上架，想购买的朋友可以点击链接预付定金。现在预订的，在红薯上架后将会优先发货。同时，预付定金还会享受 8 折优惠。大家快来预订吧。"

经过这样的宣传，直播间的观众纷纷预订了沙地板栗红薯，支付了定金。在正式上架后，已经支付了定金的观众自然不会让定金白白损失掉，于是都痛快地支付了尾款。

对于做知识付费的主播来讲，他们也可以采取预付定金的形式。不同的是，他们可以将预付定金后的沟通变为一对一的成交场景。例如，某款课程的售价为 2 万元，面对这个价格，绝大多数观众都会犹豫。此时，主播就可以推出 1000 元的预付定金链接，让有意向的观众能够先用 1000 元的定金抢占名额。然后，主播在接下来的时间里和预付定金的观众进行一对一的沟通，为观众做一个详细的课程项目梳理和咨询，在咨询的过程中充分展现课程的优势，让观众主动补上尾款。

这种模式的成交率是很高的，因为愿意购买知识产品的观众关注的问题也更详细、更全面，主播通过搭建一对一的沟通场景能够充分照顾到观众的需求。

因此，主播在直播销售中要时刻关注观众的购买欲望。一旦观众表现出强烈的购买欲望，主播就要立刻乘胜追击，鼓励观众支付定金或全款。这样能够最直接地减少观众犹豫的时间，提升产品的成交率。

6.2.6　售后保障：消除观众的后顾之忧

很多观众认为在直播间购买的产品不靠谱，一旦出现质量问题，退换货过于麻烦。特别是价值不菲的课程、珠宝等产品，退换货还非常影响心情。

此外，在直播间受灯光、背景、主播展示手法等展示技巧影响，产品会显得非常吸引人，观众对产品的预期也很高。但等产品拿到手之后，观众会发现实物与直播间展示的产品还是有一定差距的。

以上顾虑导致很多观众只在直播间看主播展示产品，听主播介绍产品，无论多么动心都不会下单。

针对有这种想法的观众，主播要对症下药。如果观众觉得到手的实物与直播间展示的不符或担心出现质量问题，那观众可以联系主播或客服进行无理由退换。

例如，某主播在直播间主要销售自家附近产地的原生玛瑙，他在直播间打出了标语：承诺一件包邮，7 天无理由退换货。同时，他也在直播间向大家解释：“由于玛瑙原石属于纯天然矿石，只经过了简单加工，所以肯定会含有一些杂质。另外，我的直播间不开滤镜，由于光线问题，实物会比我展示的颜色更深一些，希望大家能够理解。大家可以录制开箱视频，如果到手就发现产品有质量问题，如裂纹、缺角、坑洞等，只要与直播间看到的产品不符，就联系客服或在直播间直接找我，我包邮为大家退换货。”

这位主播并没有因为要促成观众下单而盲目承诺售后保障，而是有理有据地向观众说明哪些情况属于无理由退换货的范围，并且向观众解释了产品到手后可能出现问题的原因。这种做法既为观众提供了可靠的售后保障，也让观众感受到主播的专业和严谨。而且，这位主播还在直播中向大家展示了他的线下实体店，让直播间的观众再次感受到这位主播是可靠的，那么他的产品也一定差不了。因此，仅在双休日两天时间内，该主播直播间的销售额就突破了 10 万元。

但是，主播需要注意在保障观众利益的同时，也要保障自己的利益。特别是对于知识付费类主播来说，知识产品一经售出，后续的售后保障较普通产品更复杂。

例如，有观众买了 1000 元的课程，但是两天后他要求把课程退掉。因为他已经看完或将课程录完了，一旦退课成功，他就相当于不花钱获得了 1000 元的课程。这种无条件售后保障会损害知识主播的权益，知识主播不能为了卖出课程而无底线地损害自己的权益。所以，知识付费类主播在向观众做出保障承诺前，要先找到相关法律人士做课程权益保障的审核，既要保护观众的权益，也要保护自己的权益。

为了打消观众的顾虑，促成观众下单，提高交易额，主播提供售后保障是一件好事。所以，首先，主播要保证自己的产品货真价实，例如，在直播间不开失真的滤镜，以最真实的场景展示产品，避免过度美化产品，误导观众；其次，主播要依据实际情况做出售后承诺，不要夸大其词，否则最后只会让观众产生不愉快的购物体验，影响主播的口碑。

6.3 巧妙促销：多种话术直击心灵

促销是销售中的一种常用方式。促销的核心是买卖双方的信息沟通，卖方通过语言说服、情绪感染等方法刺激买方的消费欲望，使其产生购买行为。而通过不同的销售渠道销售不同的产品时，卖方所采取的促销方法和技巧也不尽相同。

在直播过程中，主播可以通过多种促销话术吸引观众。如果主播选择得当，那么很可能有一种促销话术能打动观众的心。合适的促销话术往往能够打动观众，提高观众的下单率及粉丝转化率，同时为主播带来十分可观的销售额。

6.3.1 同款促销：名人同款引爆直播间

同款促销在直播销售领域很常见，它非常容易被掌握，同时也是很有效的一种促销方式。简单地讲，同款促销是指主播借助演员、运动员、歌手等具有一定粉丝基础的知名人士的热度，对他们的同款服饰、护肤品等产品进行销售。此外，主播还会结合一些当下热播的影视剧或电影的热度进行同款促销，以提高产品的销量。

例如，《玫瑰的故事》是 2024 年初最热门的电视剧之一，剧中的主人公黄亦玫是很多女性的标杆，她们也很希望像黄亦玫那样活得自由、洒脱。于是，一些商家推出黄亦玫同款连衣裙或同款丝巾，在直播间带货。此类产品一经推出，很容易让女性观众直接进入“名人同款”的消费需求里，进而纷纷下单。

虽然同款促销能为主播带来巨大的收益，但能够借助演员或影视剧的热度进行带货的只是部分产品。主播在带货时需要注意以下几点，如图 6-2 所示。

图 6-2　同款促销的注意事项

首先，主播要想进行同款促销，就一定要对时事热点有足够的了解。例如，当下最受欢迎的明星是谁、当下的热门电视剧是哪部等。

其次，主播要选对产品。以古装剧《梦华录》为例，售卖服装的主播可以选择售卖剧中演员的同款服装，售卖首饰的主播可以选择售卖剧中的同款戒指、项链等。但是，销售巧克力的主播就无法与《梦华录》这部古装剧建立联系。所以，无论销售什么产品，主播一定要让自己的产品和想要结合的热点产生关系，这样才能实现最有效的同款促销。

再次，主播一定要有实事求是的态度。有些主播为了蹭热度，甚至会选择弄虚作假，对产品的展示图片进行美化，欺骗观众以达到同款促销的目的。观众在收到产品时才发现和所谓的同款产品相差甚远，可能会选择退货或投诉主播，甚至运用法律武器维护自己的权益。而主播也会陷入法律纠纷中，得不偿失。因此，主播切不可为了一时的利益而弄虚作假，在损害自己声誉的同时让自己陷入法律的困境中。

最后，主播一定要注意版权问题。如果只是利用影视剧或演员的影响力带动相关的周边产品，这并不涉及版权问题，但如果是针对其他带货主播进行模仿带货，那就会涉及版权问题。

例如，某主播推出了自己的创业知识课程，10 节课的售价为 1999 元，销量很好。但一段时间后，该主播发现课程的销量突然下降。有不少学员向他反映，有另一位主播在直播间推销与他类似的课程，10 节课只需要 999 元，很多人都购买了那位主播的课程。

该主播经过对比后发现，另一位主播的课程是在自己所售课程的基础上进行二次加工而成的，几乎与自己的课程一模一样。而且，由于对方的成本更低，大打价格战，购买对方课程的观众更多，甚至有不少人认为原创是赝品。最终，该主播运用法律武器维护了自己的合法权益，但自己的事业也因此受到了很大影响。如果在推出自己的创业知识课程前做好知识产权保护，那就会省去不少麻烦。

6.3.2 满额促销：满额即赠，满额即减

满额促销是一种常见的促销方式，一些带货主播经常使用这种方式。满额促销主要有两种执行方式：一种是满额赠，通常是消费者消费到一定额度即可免费获得特定的赠品，赠品一般为经济实用型产品，性价比高；另一种是满额减，即消费到一定额度就可以在该额度上获得减免额度。

（1）满额赠

满额赠促销可以提升观众的购买力。很多观众看到直播间有“满额赠”的活动，都会选择为了赠品而凑够额度。

例如，某主播在直播间推销兰蔻七夕礼盒时，就对观众说：“今天只要是单笔消费满 800 元的观众，就可以获赠一支迷你唇膏和兰蔻王牌体验装，单笔消费满 1200 元赠王牌家族系列产品。”而原价为 760 元的七夕礼盒离 800 元只差 40 元，但直播间的其他产品大多为 250 ~ 500 元，观众再任意加购某件产品，就会让总价超过 800 元，这时观众购买产品的总价与 1200 元仅相差不到

200 元。因此，很多观众都会选择买两个七夕礼盒，或购买一个七夕礼盒再购买其他产品凑足 1200 元。

当然，主播在开展满额赠活动时要选择合适的赠品，通过赠品拉近自己与观众的距离，赢得观众的好感。所以，赠品一定要经济实用，贴近观众的需求。该主播赠送的全部为兰蔻旗下的护肤品，而这也是购买七夕礼盒的观众的刚需品。如果该主播赠送的是一本插画书、一棵小盆栽，那么观众很难因为这些不相关的赠品而动心。

（2）满额减

满额减促销是通过给观众现金减免的方式，让观众感到自己享受了折扣，得到了实惠。例如，某主播在直播间向观众推荐草莓熊玩偶时介绍："15 厘米高的草莓熊 98 元一个，35 厘米高的 220 元一个，45 厘米高的 358 元一个。邮费 10 元，满 199 元包邮。而且，今天在直播间消费满 300 元就可以减 50 元。直接截图联系客服修改订单金额即可！当然，草莓熊越大，它的草莓香味越持久，手感也越好。"观众只需要花 308 元就可以得到一个 45 厘米的包邮草莓熊。

通常情况下，满额赠与满额减两种方式是组合使用的。在该草莓熊满额减活动中，主播还宣称消费满 299 元即可获赠一个限量版维尼玩偶。因此，大部分观众都会购买 45 厘米的草莓熊。因为这样可以享受包邮服务，同时获得减免金额，还会拥有一个"0 元"购买的新玩偶。相比之下，这种方案最划算。

6.3.3 联动促销：买一个产品获得两种服务

联动促销是指观众购买 A 主播直播间的产品，可以获赠 B 主播直播间的产品。这种促销方式可以带动两个主播的产品销量，并且可以实现双向引流，我就经常使用这种促销方式。

例如，我曾经在直播间和观众说："只要购买我的 199 元的'演讲成交力'课程，就可以获赠我学员直播间的 199 元课程；或者购买我学员的 199 元课程，就可获赠我的课程。"对于观众来说，这就是花一份钱获得了两种服务，是十分划算的。

我在做 12 小时直播时就和我的很多私教班学员进行了连麦，"娜家整理"创始人李娜老师就是其中之一。李娜老师在整理收纳领域是数一数二的导师。我在和她连麦时，她刚好在给她的线下班学员上课，所以也给我直播间的观众展示了她的工作场景，同时详细介绍了她的专业。这种连麦场景是很真实的，无法造假，观众可以直观地感受到李娜老师的专业能力，如图 6-3 所示。

李娜老师也在直播间介绍了她的一款整理收纳课程，观众只要花 899 元就可以在线上跟着她学习整理收纳。但是，很多我直播间的观众不了解李娜老师的课程究竟怎么样，所以我就说只要在我的直播间支付 2000 元预订我的课程，就可以获赠李娜老师 899 元的整理收纳课程。这样观众在学习赠送课程后发现效果不错，就会再去李娜老师的直播间购买其他高阶课程。这对于李娜老师的课程就形成一种推广。

我是知识付费类主播，但我的学员有些是带货类主播，其实二者之间也可以进行联动促销。我的私教班学员 Cici 是护肤品类

图 6-3　与李娜老师联动促销

带货主播，在我和她连麦时，凡是在我的直播间预付定金 2000 元的观众都可以获赠 Cici 直播间的一套定制护肤品，如图 6-4 所示。这实际上是一种跨领域的联合推广，效果也很显著，我直播间的很多观众都去 Cici 的直播间询问定制护肤品的问题并下单。

图 6-4　与 Cici 进行联动促销

此外，因为我的课程属于高端定制课程，所以观众在下单时还可以获赠个人品牌导师豪哥的价值 5000 元的项目梳理服务。这份项目梳理服务是一对一的专属定制服务，每次服务 1 小时起步。很多观众都说为了这份项目梳理服务，也要购买我的课程。

联动促销的优点是观众覆盖范围广，在维护老观众的同时也可以吸引新观众。如果主播一直在直播间介绍自己的产品，难免形成单向输出的局面，而与其他主播连麦以实现联动促销，则不失为活跃气氛、双向引流的好方式。同时，联动促销还有助于加强观众对双方产品的了解，拉近主播与观众的距离，实现让利观众的目的。

6.3.4　限时促销：1 小时内下单，立减 ×× 元

限时促销是指在特定的时间内降低产品的价格，以特定时间段的超低价位吸引观众注意，并促使观众购买产品。“1 小时内下单，立减 100 元！”“前 10 分钟内付完尾款，立即返还 200 元现金优惠券！”这些都是典型的限时促销话术。

为了激发观众的购物热情，主播在使用限时促销时要适当加大产品的优惠力度。例如，在直播限时促销中，店铺原价或 9 折的产品可以降价到 7 折，促使观众下单。

此外，主播还可以采取倒计时法，营造气氛。以前我在直播间就用过这样的方法。我会放一些烘托气氛的音乐，然后告诉观众：“还有 10 秒，本次限时促销就会结束，我的优惠产品就会下架。所以，不想错过优惠的观众一定要立刻下单！”然后，我就会开始掐点倒计时，10 秒后就将产品下架。

这里需要注意，说好 10 秒下架，就是 10 秒下架，要让观众知道我是一个言而有信的人。如果我说 10 秒后下架，却始终挂着链接，如此几次下来，观众就不会拿我做的限时促销当一回事，他们会觉得这个优惠随时都有，自然就不会立刻下单。

当然，开展限时促销活动也是需要一定技巧的。主播在进行限时促销活动时需要从以下 4 个方面入手，如图 6-5 所示。

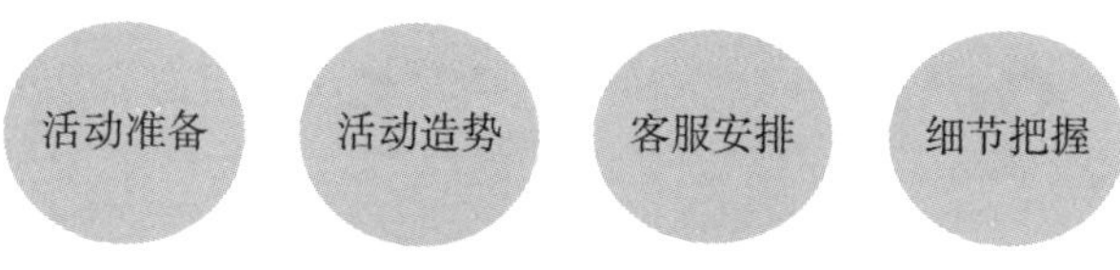

图 6-5　限时促销活动的注意事项

（1）活动准备

主播在进行限时促销活动前需要做好活动准备工作，包括设定活动时间和具体的促销方式，以及制定应急预警机制。电商平台对限时打折促销也有一定的要求，主播必须了解和熟知相关的规则，才能保证活动的顺利设置和开展。

（2）活动造势

一般而言，带货主播要想取得满意的促销效果，就需要为限时降价活动营造声势。被吸引进入直播间的观众越多，潜在的消费者就越多。因此，带货主播需要充分利用微博、微信公众号、QQ 群等各种渠道宣传限时促销活动，扩大活动的知名度，让更多观众看见并参与活动。

知识付费类主播更适合使用企业微信进行造势。因为企业微信不但可以做到一对一群发消息，还可以在观众的朋友圈中显示消息，能够显著减轻主播的工作负担。

（3）客服安排

在进行限时促销活动期间，店铺的询单量会大幅增加，客服也会承受较大的压力。所以，主播要提前安排好客服人员，以确保观众能在第一时间得到回复，提高观众购买产品的效率。

（4）细节把握

主播在进行限时促销活动时最好将时间限定为 1 ~ 2 小时，观众才会有一种尽快下单的心态，从而快速做出购买产品的决策。另外，主播在开展完限时促销活动后，还需要做好产品的售后工作，增强观众的购物黏性。

6.3.5　限量促销：产品目前仅剩 ×× 单

限量促销是限定式促销方式之一，目的是打消观众下单前的疑虑，使观众当机立断，迅速下单。这种方法利用了“物以稀为贵”的心态，在生活中的例子比比皆是。

在直播间内，观众的心理也同样如此。如果主播告知观众产品所剩无几，马上售罄，那么观众会很快结束犹豫，购买产品。许多主播都会使用这种方法促使观众尽快下单。在开展限量促销活动时，主播应着重讲出产品的稀缺性和价值，激发观众的购物热情。如果主播说明这个产品在今天卖完之后不会再上架，就意味着它从限量销售变成了绝版销售，那么观众的购买热情将会再次高涨。

实际上，这是心理学中的稀缺效应。人们对世界上稀少的事物普遍怀有强烈的拥有欲望，东西越稀少，人们想要获得的欲望就越强烈。同理，观众在购买产品时也会被稀少的数量激起强烈的购买欲。因此，在进行产品促销时，主播可以打出“限量特价”的口号来吸引观众，营造一种产品稀缺的氛围，刺激观众下单购买。

此外，主播还可以在限量促销中加入场景互动，如唱单环节。因为观众都具有从众心理，当某位观众看到很多人都买了这个课程产品时，出于从众心理，他自然也想买来看看。所以，主播在限量促销的过程中要抓住这种心理。例如，我在做限量课程促销时就会唱单：“恭喜小 A 抢到第 1 单！恭喜小 B 抢到第 2 单！现在库存还剩 15 单！恭喜小 C 抢到第 3 单，现在还剩 14 单！”

唱单环节通常是重复进行的，可以过一段时间就唱一次单，也可以请买过产品的老学员谈一谈学习体验，这种拉近心理距离的方式有助于成交。

这种直播间的互动可以有效激发观众下单，如果再利用好音乐的作用，就能达到事半功倍的效果。主播在直播间可以利用音乐营造气氛，刺激观众的感官，使他们更容易下单。主播也要适当加快语速，提高语调，体现一种迫切想让更多观众获得实惠的急切感。

6.3.6 承诺促销：出现任何问题都可以申请售后

很多时候，观众对下单之所以犹豫，是因为没有办法确定这件产品是否真的适合自己。因为与线下可以试用产品不同，线上购买的产品一旦不合适就要邮寄退回，其中花费的时间、精力、邮费等都是一种消耗。所以，很多主播为了打消观众的这种担忧，就会给予观众承诺。

例如，某健身工作室的杜教练开设了健身直播间，他会向直播间的观众传授健身技巧，带领观众一起健身。他在直播间做出了承诺："凡是在直播间以4800元购买18节私教减脂课程的用户，如果在全部课时结束后没有达到课程开始前设立的目标，我们将全额退款。"

因为正值暑假，有不少大学生观众购买了他的私教课程。在课程开始前，杜教练针对不同体重、不同身体素质的学生制定了不同的减脂目标。他表示体重基数大的人会瘦得快一些，而体重基数小的人则瘦得没有那么快。因为他已经做出了不达到目标就全额退款的承诺，所以他不会胡乱地定下目标，而是科学设定目标。同时，他还为学生制定了不同的餐饮标准。在杜教练认真负责的指导下，所有学生都达到了预期目标。

很多人在直播间问杜教练如果学生没有达到目标，他是否会按照承诺全额退款。杜教练表示自己的健身工作室正规、合法，虽然他在网上售卖课程，但交易过程也是受到法律监管的，他做出的承诺也是自愿的，一旦观众购买了他的课程，他的承诺就立刻生效，否则就属于违约行为。而且，做人最重要的就是要讲诚信。所以，如果真的有人达不到目标，他一定会按承诺如实退款。

除了课程销售使用的"全额退款"类型的承诺之外，很多主播还会做出"7 天无理由退款""30 天内因质量问题损坏包退包换”“1 年内保修”等承诺。我在直播间做出的承诺是下单一周之内随时可以找我退款。如果退款的原因是观众对课程的质量不满意，我不仅会全额退款，还会额外赠送一份价值 299 元的训练营课程作为补偿。这实际上就是做出一个风险承诺，通过诚信打动观众，对于后续直播间引导观众的下单动作非常有利。

这些承诺都属于主播的自愿行为，也是品牌的自愿行为。一旦观众购买了产品，承诺便立即生效。所以，主播在进行承诺促销时一定要以诚信为本，确保自己对产品的描述属实，一旦做出承诺，就要贯彻到底，避免给自己带来不必要的纠纷。

6.3.7 捆绑式促销：搭配购买，优惠力度更大

捆绑式促销是指产品通常以“主产品 + 副产品”的礼包形式出现，礼包中的产品一般有一件主要产品，也是礼包的主要价值所在，其他产品类似于附赠品，产品的价格远低于其本身的价值及其市场价值。需要注意的是，礼包中的主要产品即使价格稍高也无妨，但是品质一定要有所保证。捆绑式促销更适用于带货主播。

例如，某主播在直播间向观众推荐了一款小牛凯西的全新礼包，宣称只要花一份产品的价钱就能购买到 30 件物超所值的产品。该主播介绍：“由于夏天到了，有健身需求的观众越来越多，而运动与健康饮食要双管齐下，高蛋白、低脂肪的牛肉和鸡胸肉最合适不过。现在为了回馈广大观众的支持，本直播间特别推出了‘夏日狂暑清凉价’活动，在直播间只要花 168 元就可以买到

6 片西冷牛排、5 片眼肉牛排，外加 4 片鸡排、5 根纯肉肠、4 包低脂鸡米花和 12 包低卡黑椒酱，以及一副高级刀叉。”

如果单独购买 11 片牛排，即使在打折期间，观众也需要花 130 元，鸡排 4 片将近 20 元，鸡米花需要花费 30 元，纯肉肠将近 20 元。如果观众单独购买组合礼包中的产品，花费将远远超过 168 元。

在这份礼包中，牛排是主要产品，也是价格的主要体现者，而鸡排、鸡米花等产品则是礼包中的次要产品，虽然也有一定的价值，但观众最看重的还是蛋白质含量最高的牛排。在巨大优惠的吸引下，直播间的观众纷纷下单。

该主播之所以能够顺利地将组合礼包推销出去，是因为她进行了前期调查，了解健身人群的硬性需求，把合适的产品捆绑到一起进行促销，满足了观众的优惠心理，同时还为观众提供了便利。如果该主播选择将牛排与高脂肪蛋黄酱进行捆绑销售，恐怕效果就不会太好。

捆绑式促销的最大优势在于其可以给观众一种主产品价格比较划算、副产品相当于白送的感觉。在追求优惠的心理的驱使下，大多数观众都会选择只需要加少许钱就能购买到有更多东西的礼包。

6.3.8　假设成交：买回去后可以 ××

假设成交是指在直播销售过程中，主播在假设观众已经购买产品的前提下与观众进行交流。在交流的过程中，主播可以通过逐步深入的提问，引导观众给出回应。主播要分析观众的心理，可以在明确观众已经有购买意向的情况下，通过假设成交促成交易。

假如某主播在推销一款品牌衬衫，那么该主播就可以将观众带入各种情景。例如，她可以对观众说："把这件衬衫买回去后，大家可以搭配深色的西装，显得成熟稳重；也可以用这件衬衫搭配毛衣叠穿，既保暖又时尚。大家还可以单穿这件衬衫，下身搭配牛仔裤或休闲裤，显得俏皮、有活力。只要衬衫到货，大家可以根据自己的需求和心情随意搭配。"

当然，主播不要只是干巴巴地描述场景，而是可以根据描述场景的不同变换直播间的灯光和音乐，在视觉和听觉上为观众营造不同的场景氛围。主播还可以自己穿上这件衬衫，进行不同的色彩搭配。例如，搭配浅色牛仔裤显得俏皮，搭配暖黄色毛衣显得斯文、有气质……

主播要让观众想象到，这件衬衫虽然可能售价会高一些，但是挂在衣柜里，一件就相当于好几件其他衣服，在一年的 365 天里可以穿到 50 天以上，使用率和性价比超高。如此一来，假设成交法就将观众的注意力吸引到了购买后的实惠和划算上，成交率自然而然就会提升了。

使用假设成交促销可以节省主播推销产品的时间，提高推销产品的效率。但是，在使用这种方法促使观众快速下单时，主播要先确定观众的购物意向，明确观众已经有购买产品的需求后，才可以通过此方法促使其下单。如果主播在此前的介绍中并未激发观众的购物热情，就断然使用此方法，只会给观众造成过高的成交压力，使观众放弃下单。

6.3.9　低价换购：加 1 元即可换购高价产品

在很多直播间里，“1 元换购”活动并不少见。“1 元”并不一定是真正意义上的 1 元钱，它代表的是超低价。但是，换购的价格虽低，其换购的产品价值和观众消费的金额却并不低。

例如，某主播在直播间大声地说：“家人们，现在下单欧莱雅大红瓶晚霜，只要加 1 元，就能换购欧莱雅眼霜中样。”欧莱雅大红瓶晚霜的价格为 459 元 /100 毫升，眼霜的价格为 349 元 /30 毫升，即使是 15 毫升的眼霜中样也价值 180 元。而在直播间只需要“459+1”元，就可以获得原价“459+180”元的产品。

这种促销策略主要是为了借助 A 产品的现有市场规模提升 B 产品的知名度，从而提高 B 产品的渗透率、曝光率和转化率。一般来说，B 产品与 A 产品会有较高的相关性。所以，主播才会针对 A 产品开展“1 元换购”的优惠活动。

我曾经做过一次训练营的配套课程服务，效果非常好，其原理与“1 元换购”一样。服装搭配训练营课程的价格是 399 元，另一门饰品搭配训练营课程的价格也是 399 元，但如果观众购买二者中的任意一门课程，只要再加 1 元，就可以买到另一门课程。我当时认为服饰搭配是一体的，只有穿衣或只有饰品搭配都无法形成自己的风格，所以将二者配套出售才是最合适的。后来经过一段时间的销量统计，我发现“399+1”元的模式确实能带来最好的销量。

衡量这个活动是否有效的最关键的数据有两个：一是换购 B 产品的新观众所占的比例；二是多次参加活动换购 B 产品的观众所占的比例。如果前者的比例高，表明此活动为 B 产品引进了很多新观众，这个活动的前期投入是有意义的。如果后者的比例高，则表明观众使用 B 产品的体验很好，B 产品的市场和知名度都在逐渐打开，主播可以考虑正式单独售卖 B 产品了。

但是，凡事都有利有弊，“1 元换购”的促销方式也不例外。对于一些小主播来说，如果经常推出“1 元换购”活动，由于资金的回笼速度和促销见效较慢，也许会造成资金链的断裂。所以，主播进行这种方式的促销活动时也需要谨慎考虑。

第7章

魅力演讲：魅力主播打造与变现

无论是知识付费主播，还是带货主播，要想在直播间征服观众，让观众愿意为你的产品买单，你就要拥有自己独特的魅力，把自己的魅力传达给直播间的观众。很多时候，观众不仅是为了产品买单，更是为了主播的魅力买单。学会魅力演讲，将自己打造为魅力主播，是你能够从众多主播中脱颖而出的关键。

7.1 人人都应该学习魅力演讲

经过一轮又一轮的“大浪淘沙”，直播行业已经进入稳步发展。到了这个阶段，你要想被观众认可和喜爱，就要学习魅力演讲，展现个人魅力，同时练好魅力演讲的基本功。这样你的直播能力和直播间的人气才能更上一层楼。

7.1.1 为什么直播需要魅力演讲

在提升自己的魅力之前，主播要先弄清楚什么才是自己需要的魅力。

对知识付费主播来说，魅力就是影响力。在直播行业中，影响力的作用远远大于领导力、组织力、管理力。可以说，影响力对主播来说至关重要。落地到直播间，即要看主播是否有让观众持续跟随自己学习的能力。

在知识付费直播领域有一个很有意思的现象，很多观众在跟随一位主播学习一段时间后突然就转去跟随另一位主播学习了。按照常理来说，和主播学习知识最好是从一而终，这样有助于建立系统的学习框架。那么，为什么很多观众都会半途退出，换主播学习或干脆不学了呢？

我调查过一些主播和观众，也采访过一些学员，最后发现问题出在主播自己身上。与带货主播不同，知识付费主播的直播战线较长。例如，我讲色彩能量理论就是在几天的时间分多个场次讲完的，如果我不能让观众感到有意思，愿意追随我的直播间听下去，它就会成为失败的直播主题。但是，我通过自己的魅力让进入我直播间的观众都听了下去，它就是一个成功的直播主题。

很多主播是有干货的，也可以做到在直播间向观众输出干货，但观众就是听一会儿即走。根本问题在于主播本人的魅力不足，输出的内容过于干瘪，简单概括就是“没有意思”。同样是做同类型的知识直播，有人的直播间门庭若市，有人的直播间门可罗雀，原因就出在个人魅力上。

魅力不仅会影响主播与观众之间的关系，而且会影响个人品牌、个人公信力的打造。这也是我开设直播魅力演讲课程，帮助大家提升个人魅力的主要原因。

7.1.2　如何做好个人魅力布局

我将个人魅力布局分为 10 个关键点。

(1) 发心

所谓发心，是指主播要站在观众的角度思考问题。例如，观众真正的需求是什么？观众购买我的产品能够解决他的什么问题？只有从对方的角度出发，我们才能够切身体会观众的需求，知道自己的产品是否与观众的需求匹配。

发心的本质是一种利他思维。我们要端正自己，思考观众真正需要什么，观众购买我的产品能够解决他的什么问题，而不是自己能赚多少钱。

特别是对于一些在直播间为观众赋能的知识付费主播来说，

只有学会站在观众的角度思考，说出的话才能够直击观众的痛点。例如，主播讲创业，直播间的大部分观众都是有创业计划或经历过创业失败、想来获取方案的人，如果主播只是一味地强调创业有多么简单、创业成功有多么好，这对于观众来说是毫无用处的。观众的痛点是如何创业、如何避开创业路上的陷阱。因此，对于主播来说，发心就是要提供好的、有用的、性价比高的产品，提供能真正解决别人需求和问题的产品。

学会站在观众的角度思考的人，往往是高情商的人。大家都会很喜欢他，与他的沟通也会自然、顺畅，令人如沐春风。

（2）专注

专注是我们从孩童时代起就一直在强调的一项能力。在课堂上不认真听讲，东张西望的学生通常成绩不会太好。无数事实证明，无法专注于某件事情的人最终都会一事无成。

只有专注才能成大事，才能在一个领域里成为有影响力的人。没有足够的专注力，是无法在专业领域产生影响力的，也是无法形成个人魅力的。而没有个人魅力又怎么能吸引别人来关注、咨询你呢？

例如，雷军在做小米品牌时就一直专注于做好这一件事，这种专注的魅力为他吸引了众多跟随者，他最终获得了成功。

如果你在创业中不能沉下心来，专注于自己的事业，而是三心二意，这山望着那山高，最终结果就是哪座山也爬不上去。如果没有一件能拿得出手的成绩，又怎么会有足够的个人魅力吸引观众追随你呢？

（3）技能

主播拥有的技能是主播的核心竞争力。主播的技能越扎实、越强大，就越能够给观众提供高价值的服务与帮助。人都有慕强心理，所有人都喜欢跟厉害的人学习。所以，你只有成为更厉害的人，才能够拥有长久的魅力。例如，如果你能把营养搭配好，做出好吃的食物，那么你不妨宣传自己是一个健康美食达人。你可以凭借营养搭配和烹饪食物的技能，做到言之有物。

技能是主播的核心价值。只有当你的技能强大到能为别人解决问题时，别人才会关注你。例如，你的文案成交技能很强，那些跟着你学习的人本来不会写文案，学完之后不仅会写，还能把自己的东西通过写文案的方式卖得更好。这样你才能说自己拥有文案成交的技能。

（4）心态

创业要拥有平静且稳定的心态。很多人在创业之初都会拿自己与已经小有成就的创业者对比，觉得自己这里不好、那里不行，一味地想要赶超对方，最终自乱阵脚。

要想自己的创业之路能平稳发展，我们就不能妄自菲薄，用别人的强项惩罚自己。创业路上遇到的每一件事、每一个挑战都有它的意义。做得好，我们再接再厉；做得不好，我们汲取教训。稳定的心态能带来稳定的创业结果。因此，只有心态稳定的人才会拥有长久的魅力。

有些刚尝试直播的人时常苦于自己没有粉丝，进而患得患失，纠结自己是不是不适合这个行业。其实大可不必这样。粉丝量并非一天积累起来的，我们要正视这个问题，不断在无人处磨炼自己的技能，以待来日发展。粉丝少时，我们可以在镜头前练习自己的专业技能，包括表情、动作、语言等；人气旺时，我们可以在直播间进行变现，抓住机会推销产品。总之，有稳定、积极的心态，我们才能获得长远的发展。

（5）真实

真实是最好的“武器”。很多人都说做主播要包装自己，做魅力主播更要包装自己。适度的包装没有问题，但如果始终以包装后的面目面对观众，被你吸引来的观众喜欢的不过是戴着面具的你，而面具终究是无法永远戴着的。

任何主播都会有喜欢他和不喜欢他的人。有些主播为了迎合10%的不喜欢自己的人去伪装自己，反而适得其反，失去了更多喜欢自己的人。因此，我们不如一开始就做真实的自己，展示自己最真实的一面。

对于想要长期发展直播事业的主播来说，真实才是你最好的“武器”。你是什么样的人，就能吸引什么样的人。无论怎样伪装，都有人喜欢你，有人不喜欢你。既然这样，为什么不坦诚地做真实的自己呢？真实的自己才是你魅力的长久来源。

（6）成长

终其一生，人都在不断成长。主播的直播生涯也是同样如此。只有让自己不断地成长，才会为观众带来源源不断的新鲜感。如果你总是在直播间说几年前的段子、网络用语和知识，那是无法为观众带来新鲜感的。作为有魅力的主播，你必须每天都要为观众呈现最新鲜的状态。

学习能力是非常重要的创业魅力，主播必须让观众对自己产生依赖。如果你不具备成长的能力，观众是不会长期追随你的。要想成为魅力主播，你就要牢记：一个人的衰老是从放弃成长开始的。

（7）韧性

没有人一开始就能站在顶峰。在通往山顶的路上荆棘丛生，很少有人能够一次就爬上山顶。所以，我们要有坚韧不拔的毅力，能够坚韧地迎接任何挑战。我们既要有淡然迎接成功的能力，也要有接纳挫折的韧性。韧性就像一种“心灵肌肉”，它可以让我们的抗压能力更强，让我们在面对所有问题时保持积极的心态，一往无前。

（8）赚钱

在直播行业中，能赚钱等于能量高。钱是能够量化你能量的外在货币符号。所有能赚到钱的时候都是能量高的时候，钱可以让你买来合适的衣服、装扮更美的直播场景、享受更美好的生活、拥有高品质的生活状态。

（9）性格

在直播间，品牌性格就代表着主播性格，是主播的个人主张，也是主播为观众呈现出来的一种立体的生命状态。换言之，你是什么样的人，就会吸引喜欢什么性格的人。例如，一个霸气的人会吸引那些喜欢霸气性格的人，一个温柔的人会吸引那些喜欢温柔性格的人。而如果主播是一个认真的人，那么他会很认真地选品，观众也会越来越信任他。

（10）简单

化繁为简是一门学问。最真实、简单地向观众呈现自己，不弄虚作假，就能最大程度地展现自己的魅力！

7.1.3 练好魅力演讲的 3 项基本功

要想做好魅力演讲，成为魅力主播，只学会技巧是远远不够的，还必须练好基本功。我将魅力演讲的基本功总结为 3 点，如果你能够学会这 3 点，学习进阶课程时就可以游刃有余。

（1）价值

为观众呈现价值，目的是获取观众的信任。而呈现价值的策略就是打造你的独特人设。什么是人设？通俗地讲，人设就是你留给别人的印象，别人对你的感受。

当然，人设定位可以参考他人，但是不要完全模仿他人，你要展示自己的特色。如果没有自己的人设，你就会发现自己无法赋能产品。别人不认可你，你就无法卖出自己的产品。

但是，如果你有准确定位自己的能力，有自己清晰的人设，你就会发现自己可以轻松地吸引自己想要吸引的人，可以轻松代言自己的产品。更奇妙的是，你会发现你想要的资源都会主动靠近你。

当初我讲了 6 年的服装搭配，但是一直没有找到自己最精准的定位。后来，我发现不管我做什么课程，都是用我的演讲能力在做，我有很强的唤起内在能量的能力，所以我的课程会帮助很多人找到内在能量，通过内在能量的改变达成变现的目的。

首先，展示你真实的经历。这个经历是什么不重要，最重要的是这个经历给你带来的好结果。因为好结果更能够打动别人。

其次，活成别人梦想中的样子。低能量的人喜欢高能量的人，高能量的人依然喜欢高能量的人。所以，我们要做高能量的人，活出高能量的那个样子。如果你能够活成别人梦想中的样子，就会令别人信服。

最后，要学会做你的人生数据背书。例如，你有执教 35 年的教学经历，你创业 10 年做过最厉害的一个项目变现了多少等。这些都是你的价值所在。

（2）情感

人无非三大需求：物质需求、精神需求和灵魂需求。主播为观众提供的必须是观众刚好需要的，这就是情感布局。当你会做情感布局时，即使观众没有立刻得到想要的结果，也依然会跟随你。

情感布局一定要有真情实感，情感成交一定要打动对方的情感才会不销而销。所有人都不会被你说服，他们只会被自己说服。

那么，如何让对方被他自己说服呢？

首先，要植入情绪。有情绪就是好的演讲，但是植入情绪不等于掉入情绪。你的情绪要跌宕起伏，要么让对方开心，要么让对方感动。

其次，要有共情能力。只有共情才能共力，一万个道理抵不上一颗共情的心。当你没办法跟别人共情时，别人就没有办法跟你的心产生联结。

最后，要能情感共振。我们的直播目标是共赢，成交的最高境界是从“你我他”变成“我们”，核心思维是“你中有我，我中有你”，共情、共爱、共利、共谋，这才是团队的要义。

（3）价值观

主播向观众传递的不仅是产品信息，还有自己的价值观。而价值观的来源就是主播的灵魂特质，如有担当、有责任、有才华、温柔体贴、善良知性等。

实际上，价值观是一种内心尺度，它支配着我们的行为。在日常生活中，我们经常会说和某人三观不同，价值观就是三观之一。价值观接近的人更容易产生心灵上的联结。所以，主播的任务之一就是用自己的价值观影响、吸引观众。

对于观众来说，价值观的影响是深入人心的。如果你想让更多粉丝追随你，那么一定要在价值观层面影响他们。

7.2　魅力演讲的目标是变现

如果你随机问一位主播："你做直播的原因是什么？"我想对方大概率会回答你："变现。"的确，变现对于主播来说非常重要。在直播发展的早期阶段，主播少、观众多，变现难度不是很大。而现在，随着进入直播行业的主播越来越多，变现已经越来越不容易。

主播要想从众多竞争者中脱颖而出，成功变现，学习魅力演讲很重要。因为魅力演讲的目标就是变现。本节先介绍演讲成交的"天龙八部"，向主播传授变现的关键点；然后讲述搭建私域流量池的方法，旨在帮助主播实现流量升级和持续变现。

7.2.1　演讲成交的"天龙八部"

虽然每个主播表达的内容都不相同，但表达的形式却大同小异。如何通过直播过程中的演讲实现变现呢？我将其总结为 8 个关键点。

（1）立观点

主播就是演员，只有调动观众的情绪，立住自己的观点，才能够影响别人。换而言之，如果你都不相信自己讲的话，又怎能取信于观众呢？

例如，以前我在直播间讲服装搭配时，我从来不带现成的服装产品，因为我的观点是我本人站在这里，我就可以证明服饰能够表现出人的特质。很多观众不理解：服饰怎么可以表现人呢？这不是说反了吗？我接着就向大家解释：服饰能够表现一个人的特征，在某种程度上能够表现一个人的气质。例如，喜欢潮牌、前卫服饰的人，心态更年轻；喜欢碎花长裙的女生，性格可能更温婉。这样解释下来，观众就都恍然大悟了。

所以，有自己的观点，才有自己的立场和气场。观点就像思维中的核心，其他一切都不过是从观点出发的手段罢了。

（2）举案例

观点立住了，接下来就要用案例支撑观点。例如，我在直播间讲服饰搭配时提出了观点——“服饰可以表现人”，接下来我就要围绕这个观点列举案例支撑我的观点。

我讲潮牌服饰怎么搭配、怎么表现个性，那么被吸引而来的自然是喜欢潮牌服饰的观众；我讲古代服饰历史，讲服饰的发展变化，那么吸引来的自然是有文化、热爱历史的观众。

有些观众可能不会当场下单，但是在之后他看到其他直播或想买衣服时，他就会想起我列举的案例，想到我的观点，他大概率会再次回来，在我的直播间下单。因为我已经通过案例将我的观点深深植入了他的内心，让他念念不忘。

所以，我经常在课程中提醒我的学员要多学习，看一些名言名句，了解历史典故，提高自己的文学修养，能够从不同的角度切入话题。

（3）求确认

“大家同意吗？”

“听懂的在弹幕发个‘666’。”

……

我在做服饰搭配直播时发现，如果能够时常向观众发起互动，求得观众的认可，就可以提高直播间的互动氛围。

我对观众说：“古代人写书是竖着写，一边读，一边点头。但是，现代人写书是横着写，都是摇头的。所以，我以后写书就要竖着写。你们觉得怎么样？”很多观众都会心一笑，在弹幕对我表示了认可。

（4）塑造形象

塑造是打造魅力主播很重要的一个环节。我从事演讲培训行业 8 年多了，无论是对现场布局还是演讲技巧都得心应手，所以我有塑造的能力。

例如，主持人想请一个嘉宾上台讲话，通常情况下嘉宾上台后要再做一遍自我介绍；但如果是我来请嘉宾上台讲话，我会在他上台之前就将他的形象塑造好，使其深入人心，所以他上台后无须自我介绍，就可以直接输出自己的观点和内容。

如果没有别人帮忙塑造你，那么你就要自己塑造自己。你的成绩、结果、数据可以为你背书，这些一定要讲出来，塑造自己的专业形象；否则，观众会怀疑你的专业程度，不屑于听你讲话。

（5）直击痛点

痛点是核心需求，也是必须解决的需求。如果你直播的时间很短，那么开场就要直击痛点；如果你直播的时间很充裕，就可以将讲痛点的时间布局好。

痛点通常由一击致命的问题引出。例如，“别人写文案月入过万，你也每天写文案，变现为 0”“我有个私教学员很自律，每天 4 点半就起来直播，坚持了 248 天，但是变现为 0。这就是所有学员的通病，那么你想解决这个问题吗？”“为什么你工作一年，也赚到了钱，银行存款并没有增加？为什么你那么努力，却没有感受到富足感？为什么你赚到了钱，却一直没有安全感？”由此我就可以引出后续的演讲内容。

（6）表明好处

表明好处是吸引观众最直接的方法。例如，在上面的案例中，我对那位连续直播 248 天的学员说：“我有一个方法，你学会之后只要直播 30 天就能看到成效。”这就是最直观的好处，我将好处直接摆出来，要不要获得这个好处全取决于对方自己。

（7）给方案

在表明方案的好处后，我们就要把方案拿出来。方案可以是一种解决方案或一套方法论，也可以是一些具体的实践手段。针对一个问题可以有多套解决方案，我们不需要一股脑地全给出来。因为给得太多，对方反而无所适从，不知道该从哪学起。

（8）给梦想

直播演讲不仅是一份养家糊口的事业，它更多的是带我重新认识了这个世界。每当我到一个城市，看到很多伙伴不仅赚到了钱，他的人生也发生了巨大的改变，我就会觉得我的梦想是有意义的。而这份梦想和意义也是让我坚持下去的动力。如果在直播中可以将梦想传递给观众，那么主播的事业高度又会再上一层楼。

同样，产品也可以有梦想。例如，我们向观众推荐一款减肥产品，就要把使用产品后变瘦的场景讲到位，如身体更健康、穿衣更有气质、在人群中更自信、上街回头率更高、晋升机会变多等，让他能对产品产生美好的想象。有些人直播很难成交，就是因为他没有把想象或使用后的好处讲到位。

7.2.2　建立社群，搭建私域流量池

主播在通过成交的“天龙八部”实现变现后，要打造自己的私域流量池，让变现更稳定、长久。相比任何人都可以抢夺观众的公域流量池，私域流量池是属于主播自己的。在自己搭建的私域流量池中，主播无须付费就可以反复触达自己的粉丝，最终实现变现。在这个过程中，建立粉丝社群至关重要。

很多主播在直播中都会不断地强调让观众加入社群，因为社群能够帮助主播更好地提升观众的黏性，拉近主播和观众的距离。更重要的是社群还能够实现流量的二次利用，有了众多忠实的、活跃的观众，主播的直播事业才能够获得更长久的发展。

首先，主播要确定社群的定位。因为社群的定位决定了社群中传播的内容，细化社群的定位能够垂直打造私域流量闭环。其次，主播要通过一系列促销手段激活粉丝，使社群具备持久的生命力。最后，主播在打造成熟社群的同时还要实现社群的裂变，让老粉丝吸引新粉丝加入社群。主播可以从以下几个方面完成社群定位，如图 7-1 所示。

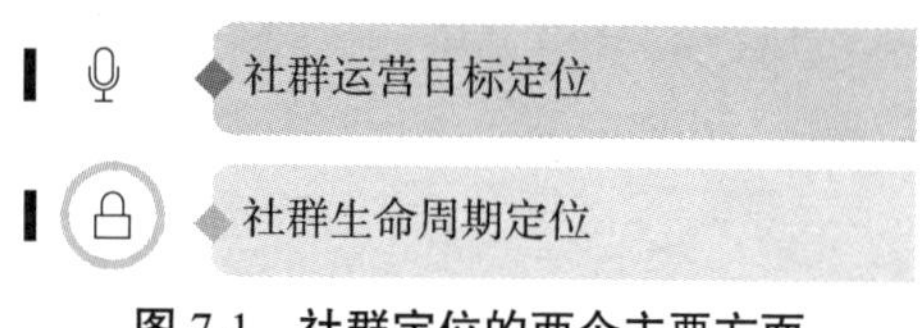

图 7-1　社群定位的两个主要方面

（1）社群运营目标定位

粉丝进入社群一定是想要满足一些需求。主播想要成立自己的社群，就需要规划社群的运营机制，以及明确社群能够为群内成员带来的价值。

社群运营的目标无非提升直播间的热度、主播的知名度、刺激产品的销售、维护粉丝的黏性等。但是在不同时期，这些目标的侧重点各有不同。例如，在创建初期，社群主要是为了提升直播间热度；而在创建后期，社群主要是为了维护粉丝与主播的黏性。

（2）社群生命周期定位

主播要明确社群的生命周期，以及自己建立社群的初衷。例如，有些主播创建的社群是针对“618”购物节的临时拼单群，有些主播创建的社群是粉丝福利群。社群的目的不同，所以社群的生命周期也不一样。

短期目标群在实现目标后，就没有了价值。所以，这种类型的社群在后期几乎没有活跃度，也就没有维护的必要。当然，主播也可以在短期目标实现后，将短期目标替换成长期目标。例如，主播可以将“618”购物群转化为新粉丝福利群。

在实现既定目标后，社群一定要及时解散，不要留下一个“死群”。一个没有活跃度、没有人气的社群，不值得主播浪费精力和成本去维护。

社群定位的优势在于它可以帮助主播决定社群中的内容和明确粉丝的构成。

内容是社群的核心，主播要根据社群定位确定社群的内容。例如，售卖课程的主播通常会建立一个“答疑解惑群”，主播除了在社群中预告直播时间、发放优惠券和简单介绍课程内容之外，还可以分享与课程相关的知识和学习技巧，让粉丝感觉加入社群能获取更多有价值的内容。

当粉丝进入社群这个私域流量池后，主播要根据社群的定位有针对性地为他们推荐个性化的内容。准确分析粉丝的结构对于保持粉丝的黏性、拓展社群规模都有着重要作用。例如，在直播中销售课程的一位主播有两个社群，一个社群的成员以年轻妈妈为主，另一个社群的成员以大学生为主。该主播就要根据社群成员的特点有针对性地调整相关内容。

同时，主播应当控制社群的规模，并适当选取几位粉丝代表参与社群的运营管理。这样一方面是为了避免社群规模过大，容易出现粉丝小团体，导致发生各种问题；另一方面则是通过选取粉丝代表增强主播与粉丝之间的联系，使粉丝产生归属感和荣誉感。

7.2.3 差异化破局，提升社群吸引力

很多主播在开播时可能遇到过这样的情况：观众由于各种原因无法观看直播，而这些观众还都是潜在的客户。那么，怎样才能和这些不能进入直播间的观众保持紧密的互动关系呢？答案就是通过社群与这些观众进行互动。

例如，一位宝妈预约了一场直播，却在直播开始时要照顾孩子吃饭，当闲下来时却找不到直播间的入口了。此时如果有一个社群，这位宝妈就可以通过社群中的直播链接直接进入直播间，十分方便。因此，社群不只是一个简单的流量存储池，它还是主播与观众保持联系的重要渠道，可以弥补直播互动的不足。

既然社群如此重要，那么主播究竟该怎样运营社群，才能将社群的作用发挥到最大呢？

首先，主播在直播间直播的同时，后台工作人员要在相关社群中转发直播的精彩片段，如主播金句频出的片段、爆满的订单，以及产品的打折优惠信息，如限时促销和限量促销。这些关键信息是社群成员关注的重点。不要单纯地转发产品很厉害、产品价格是多少等很片面的内容，否则会引起观众的反感。

例如，我有一位做文案的私教班学员亮亮，她的团队工作人

员就经常在她直播时在社群中转发相关内容。“亮亮老师正在讲写好文案的 10 点必杀技，已经讲到第 3 点了，大家快来直播间看啊！后面的内容干货满满，大家一定不要错过呀！”“亮亮老师正在抽奖，下单的观众可能会获得神秘大礼哦！快来直播间看看神秘大礼究竟是什么吧！”

通过这种社群的互动，不断调动观众的情绪，激发观众的需求和好奇心，使观众忍不住点进直播间。这时，社群运营就成功了一半。

其次，主播要对加入社群的观众进行名单管理。所有通过直播间添加我为好友的人，我都会给他们一个具体的名单标注。例如，我的直播名单代码是 Z 和 B，所以我每次直播时只要通知到社群昵称备注里带 Z 和 B 的成员，就可以省时省力地做到精准一对一通知，避免频繁打扰其他人。很多主播都没有进行名单管理细分，这对于打造个性化的私域流量是非常不利的。

即使是在很多年前添加我为好友的人，我都会清楚地记得我们是在怎样的情形下认识的。很多人都会惊讶，“哇！过了这么久，你还记得我！”这样自然而然地就会拉近我们之间的距离。同样的道理也适用于私域直播。

在这里，我推荐一种自己常用的“GPS”名单管理法。G 代表工作，与我的直播、培训班这种工作相关的人，我都会归类到 G 名单；P 代表朋友，这里的人都是与我关系亲密的人；S 代表生活，如保洁阿姨、快递员等都会被归类到这里。“GPS”是一种最基础的名单管理法，我们还可以将其继续细分，分得越精细，越有利于私域流量池的搭建。

最后，主播要配合名单管理，打造专属社群标签。要想打造一个合适的社群标签，主播可以从以下几个方面入手。

（1）社群标签要简明扼要

社群标签要简明扼要，目的就是不让标签产生歧义、造成误解。基础、具体的词语更容易让粉丝产生共鸣。例如，售卖护肤品的主播将“高端”作为自己的社群标签，“高端”这个词的含义就非常模糊，很容易使粉丝产生误解：什么是“高端”？哪些人才算得上“高端”？只有“高端”人士才可以购买产品吗？

但是，如果把“高端”换成“商务精英”一词，社群的定位就清晰了。因为这名主播可能会同时运营几个社群，他推荐的产品和内容也会有所不同。例如，社群标签为“商务精英”的社群中，粉丝大多为 30 ~ 40 岁、小有成就的男性；社群标签为“都市职场丽人”的社群中，粉丝大多为 25 ~ 35 岁的职场女性。打造合适的社群标签不仅有利于粉丝对自己的身份产生归属感，还有助于社群的运营管理。

（2）社群标签要击中粉丝的需求痛点

具有吸引力的标签一定是合理的，能够击中粉丝的需求痛点。因为只有让粉丝感觉主播的直播内容或售卖的产品能够满足自己的需求，解决自己的痛点，粉丝才会觉得留在社群中是有意义的，能够获取自己所需要的价值。例如，“减脂”这个社群标签的针对性强且直击痛点，就会吸引有减脂需求的粉丝。这类标签体现出来的目的性、任务感也非常强，所以通常会给粉丝非常直观的印象。

（3）社群标签要和产品匹配

有了社群标签，主播对社群的运营就有了方向。社群的日常运营工作都是以社群标签为中心的，如产品宣传、社群推广、线上线下活动等都要围绕社群标签展开。

某主播在直播间销售的产品是汉服女装，所以她建立的社群标签也是汉服女装。她在线下组织社群活动时，现场布局、装修风格、活动形式等细节都与汉服女装这个标签相呼应。

社群标签对社群的发展有着非常重要的作用，它可以影响社群对目标群体的吸引力、社群运营、活动开展等各个方面。因此，主播在建立社群时一定要为社群打造一个专属标签。

我的私教班学员心海老师的社群名片叫作“星辰大海”，她的核心学员就叫作“海星”。这个标签不仅趣味十足，还显著拉近了心海老师和学员的距离。毕竟大海和海星密不可分，在某种程度上更能体现二者的亲密关系。

7.2.4　培养忠实粉丝，实现复购

营销学中的相关研究证明，开发一个新顾客的成本是维护一个老顾客所需成本的 6 倍。因此，同样的销售额如果由老顾客完成，主播只需要投入 1/6 的成本，剩余的成本可以实现更多的变现。那么，主播究竟该如何打造爆款产品或内容，培养出经常复购的忠实粉丝呢？

（1）确定主推款

打造爆款的前提是直播间的产品要有主推款，就像一支舞蹈团队中要有领舞一样。主推款就是主播力推的产品。一般来说，主推款产品的性价比高，十分值得购买。主播确定的主推款能够更加吸引观众的目光，从而提高主推款的销量，提升粉丝的忠诚度，为粉丝的复购奠定基础。

（2）前期测试

一款新品是否有成为热销款的潜质，关键要看前期测试的效果如何，也就是让市场检验这款新品能不能成为“明日之星”。因此，主播需要对新品进行前期测试，通过市场的反馈分析其能否成为热销款。主播可以通过以下 3 种方法对新品进行测试。

①主播可以将新品放在店铺显眼的位置，并为其制作宣传海报。如果该新品的转化率高于店铺的平均值，而且新品的加购量也比较高，那就说明该新品可以成为店铺的爆款。

②主播可以通过淘宝直通车测试新品的反馈情况。淘宝直通车可以同时测试多款新品，主播可以将几款新品同时放入淘宝直通车，查看其各自的点击率、转化率和收藏次数等。测试结束后，主播就可以从中选取点击率和转化率较高的新品作为店铺的主推款。

③主播可以通过用户问卷调查明确产品优化的方向，留下满意的部分。用户对产品的价格、功能、使用场景等都可以提出建议，参与产品开发的过程。

问卷调查是我最常用的一种方法。我每次在新开课程前或者在训练营课程结束后都会发起问卷调查，通过学员的反馈找到后续的产品开发和优化方向。

问卷调查以用户需求为导向。因为很多时候，知识付费类主播即使满腹经纶，有很多干货知识，也没有办法精准触达目标用户群体。我曾经想联合一些老师和我的私教班学员做一款价值 9800 元的创业计划联合训练营课程（见图 7-2），将我做企业的使命愿景与价值观表达出来。所以，我反复做了三次调查，收集了很多学员与观众的反馈，明确了受众群体的需求，才放心大胆地开发了这款产品。最后，几乎所有学员都说这款产品正是他们想要的。

图 7-2　洳冰创业联盟计划

实际上，这种方式借鉴了线下创业的模式。例如，雷军打造小米品牌就是先做小米发烧友、小米粉丝，然后才是小米用户。小米的粉丝是可以通过小米社区参与小米产品的开发与优化计划的，这就是将私域社群功能发挥到极致的一种思维方式。

（3）体现差异性

当新品有太多类似的竞品时，主播就需要增强产品的差异性，以吸引观众的目光。例如，家庭便携式体重秤的功能和外观都没有太大的区别，但是主播可以通过细分使用人群设计促销方案。使用人群的细分就显示了产品的差异性。

除了体现产品本身的差异性之外，主播还可以在赠品方面体现差异性。例如，赠送独家定制的暖宝宝、保温杯、围巾等小礼品。在赠品上突出差异性也可以吸引观众注意。

有了主推款，主播打造爆款时就有了目标方向。同时，主播还要在每周的固定时间上新。观众在购物时会追求新鲜感，每周上新就向观众传达了店铺每周都会给观众带来惊喜、新鲜感不断的信息。而将上新时间固定，则是为了让观众对店铺的上新产生期待，形成心理预期，增强观众的忠诚度。

（4）打造有温度的产品

人们现在购买产品不仅是为了满足物质层面的需求，还是为了满足精神层面的需求。因此，主播要打造有温度的产品，让产品维系自己与粉丝的情感，使社群更具正能量。

例如，某位售卖高档女士服装的主播在直播时宣称，今天每卖出去一件衣服，她就向公益机构捐款 5 元。社群的粉丝大部分是经济情况较好的年轻女性，她们对公益事业也比较支持，纷纷在群内响应这位主播的行为。最终，这位主播以直播间全体粉丝的名义向某公益机构捐助了 3 万元。

在上述案例中，粉丝既买到了自己喜欢的衣服，也支持了公益事业。有温度的产品既有利于强化主播善良、有爱心的人物形象，又使粉丝对主播的认可度更高，从而更乐意在主播的直播间购买产品。对于主播来说，有温度的产品既能促进产品销量的增长，又能提高社群成员的活跃度。而且，由于主播此次的捐款行为受到了大量关注，该主播的直播间粉丝数量也有了大幅增长。

7.2.5　视频号：私域流量强势力

大部分直播平台都属于公域流量池，而与其他直播平台不同的是视频号属于半公域、半私域的直播平台。因为它是微信生态的流量集散地，能够与微信的每一个流量池连接，完成反复触达，进而实现社群、朋友圈、小程序多渠道打通，打造出以视频号为核心的私域流量闭环。

用个人微信和企业微信打造私域流量池被公认为是转化率最高的方式，但是从其他直播平台，如抖音、淘宝、快手等，将粉丝导入微信的成本过高，效率太低。而视频号则不同，它具有 3 种功能，分别是短视频、直播间和小商店。

短视频负责裂变引流，直播间负责粉丝转化，小商店则用来变现。这 3 种功能能够将微信的所有应用连接起来，打造出以用户为中心的私域流量闭环。

（1）个人号才是私域流量的最终归宿。个人号有两个核心私域流量池：一个是朋友圈，另一个则是微信群。

朋友圈是视频号的启动器。主播在直播间直播时，一定会将直播间的链接分享到社群和朋友圈中，用户或粉丝看到就有可能打开链接、进入直播间。这就是直播间的第一波流量。

虽然通过朋友圈获取流量更容易，但朋友圈的内容是按时间顺序呈现的，后面的内容会覆盖前面的内容。微信群则不同，主播将直播间链接发送到微信群中，即使用户不是主播的好友，也能够看到主播分享的内容。这增加了直播间的传播范围和传播的有效性。

（2）视频号与公众号实际上是互补的。公众号以图文为主，而视频号就是“动态”的公众号。有些人更喜欢视频号生动的表达形式，而有些人则更青睐于公众号安静的阅读模式。所以，主播可以将公众号与视频号联动起来，获得更多触达粉丝的途径。

现在公众号的一篇文章中最多可以插入 10 个小视频。主播可以将一些往期的直播作品剪辑后插入公众号文章中，在直播开始前推送给用户。只要用户点击视频，就能够立刻跳转到直播间。主播也可以在直播间添加公众号的扩展链接，二者互相引流。

（3）小商店的产品可以在直播间销售，能够满足用户即买即走的需求。此外，如果用户没有时间观看主播的直播，他也可以直接在小商店购买自己需要的产品。

（4）个人微信无法承载过多的私域流量，因为微信规定个人号单日被动加好友不得超过 250 人，所以企业微信的优势便凸显出来。

当前，企业微信与视频号已经被双向打通，主播可以在直播间直接展示企业微信号，粉丝在直播间就能够一键添加主播微信。

不仅如此，企业微信对于社群管理更加高效，主播能够在后台对所有社群进行统一管理，同时还能够使用企业微信的各种第三方应用。

2022 年 1 月 7 日，微信发布了“视频号直播——商家激励政策”：凡是通过视频号直播的主播，只要从自己的社群或朋友圈中引入 50 人及以上的用户进入直播间，就可以参加微信的激励活动，即主播每引导 1 个私域流量用户进入直播间，平台就至少给主播奖励 1 个公域流量用户。所以，加入视频号是打造自己私域流量池的有效途径之一。

7.3　终极进阶：成为魅力主播

纵观直播行业中那些知名度高、影响力强、受欢迎的主播，都很有魅力。他们通过自己的口才及控场能力，为直播间增添了无限的趣味和活力，并顺利变现。于是，其他主播也希望像他们一样成为魅力主播，并将成为魅力主播作为终极目标。本节作为本书的结尾，向大家传授成为魅力主播的方法，帮助大家实现进阶与升级。

7.3.1　主播魅力演讲的进阶之路

主播学习了基本功和演讲技巧，也将私域流量运营到位后，就到了魅力演讲的进阶之路。

（1）要讲知识

知识是主播必须重视且拥有的“财富”，也是主播最基础的能力。如果主播在一场直播演讲中输出的全是情绪，没有干货，那么主播和观众之间就很难建立实质性联系。对于知识付费主播来说，好的内容是一切东西的根源。在这个过程中，我们要建立目标和结果思维，我们的内容是为目标和结果服务的。

（2）要讲技巧

我们要明确自己的听众是哪些人，给他们一个清晰的定位。我在前文讲过的“天龙八部法”就是魅力演讲的技巧。此外，语音、语气、语调的恰当使用，什么时候该说名言金句，什么时候该和观众互动，互动的问题该怎么问……这些也都属于演讲的技巧。

技巧的根本在于要有层次地推进我们的演讲，要在切入正题之前做好铺垫。无论是情绪，还是内容，都要层层递进。

（3）要讲场次

主播做 1 场直播演讲和做 100 场直播演讲的效果是不同的。量变引发质变，直播中很多技巧是要靠主播自己身临其境去感悟的，经验是积累出来的。即使是在我的课程中表现优异的学员，我也会让他们亲自做几场直播感受一下理论和实操的不同。

在一场场直播中，我们能够逐渐明确自己的个人风格，找到自己的直播定位。这种场次的累积，有利于主播在深刻体验直播的过程中摸索到规律，总结出实用、可复用的经验与方法论，进而持续提升自己的表达力，避免表达误区。

（4）要讲感觉

感觉是一种不可言传的体会，只有积累了足够多的场次，感觉才会到位。在这一步中，利他思维很重要。利他不代表要无条件地讨好对方，而是要用自己的感觉、立场影响对方。

好的感觉不是在第一次直播时就能传递给别人的，也不是坐在别人面前就能传递的，而是通过日积月累形成的。例如，有些观众会对某主播产生天然的好感，觉得这个主播讲得太好了。这就证明主播已经给观众带来了好的感觉，这是一种较高的直播境界。

所以，我们在日常直播时要注意在认知上吸引观众，在智慧上引领观众，以累积他的好感。或者我们也可以在直播间加个灯光、插一束特别的花、挂一幅美丽的画、穿一套精心准备的服装、放一首符合场景的音乐……这些都可以起到让观众产生好感的作用。

（5）要讲能量

能量越强的人，越容易与他人建立连接。而且，能量可以颠覆自己的演讲能力。

以我做过的色彩能量演讲为例。红色能量的人行动力强、敢打敢拼，但是做事情容易只有三分钟热度，对于这种人就要和他谈梦想，让他为激情买单；橙色能量的人心思细腻，但遇事容易举棋不定，对于这种人要给他关注和赞赏；黄色能量的人目标感强、相信结果，但很容易骄傲，对于这种人要让他为提升自己买单；绿色能量的人大多温柔和蔼，这种人乐于为情怀买单；蓝色能量的人使命感强，这种人要靠价值观吸引；紫色能量的人自由自在，要先吸引他，再引领他。

总而言之，要想在魅力演讲的路上再上一层楼，你就要由内而外地全方位提升自己，只有这样才能够展现自己的魅力，吸引观众。

7.3.2 主播魅力蜕变之旅

想成为魅力主播的人，都是热爱这个行业的人，期待在这个行业能够有所发展，有所成就。所以，我们要先为自己做好长期规划，即找到自己的使命和愿景，重塑自己的价值观。

第一，确定使命和愿景。无论对于知识付费主播还是带货主播来说，不管是做演讲传递知识还是销售产品，都需要有自己的立场、使命和愿景，即我的使命是什么、我能帮助大家实现哪些心愿。有使命感的人，做起事情来也格外有动力。

第二，打造爆品。爆品就像一个舞蹈团队中最显眼的人。爆品需要有特别突出的优势，如性价比足够高等。打造爆品可以通过问卷调查对某款产品进行前期测试，通过观众反馈进行优化，突出产品自身的差异性，拉开与其他竞品的距离。

第三，设计发布场景。发布场景可以从两方面来讲，一方面是直播间的发布场景，另一方面是发布的时间。

直播间的场景除了要呈现给观众看，还要呈现给主播自己和工作人员看。例如，我曾经做过色彩能量演讲，所以我很注重直播间的色彩设计。当我想讲一些轻松的话题时，我就会将场景的灯光、布景设计为明亮的颜色，播放一些愉快的音乐。当我想让直播间呈现平和的场景时，我会选用绿色的布景，摆放一些绿色盆栽，灯光也不会过于明亮，音乐选择平静的钢琴曲，有时候我还会点一些香薰，或沏一壶香茶，这些都有助于直播间的场景呈现。

此外，我也会特别注意产品的发布节点。例如，在“三八”国际妇女节前后，我就可以讲关于女性魅力的课程；在父亲节、母亲节前后，我就可以做有关家庭幸福的直播演讲。

第四，开展交付，即售后服务。售后服务属于产品体验闭环中的关键一环。试想当观众收到的产品有瑕疵时，他一定很失望甚至生气。这时我们就要向观众赔礼道歉，并为其免费更换新产品。我曾经在课程中说过，如果观众对我的课程不满意，可以 7 天无理由退课退款，我还会免费给其赠送一门价值 268 元的试用课程。

第五，复盘循环。无论对于大主播还是小主播来说，每次直播结束后，整个团队进行复盘都是必要的环节。复盘的主要内容包括选品、选课、工作人员的互动、直播间的场景布置效果等。可以说，每一次复盘都是为了下一次更好的直播呈现。

复盘后就是重新确定新的使命、愿景、价值观，再次推出爆品……如此进入新一轮的迭代循环。

以上 5 个环节就构成了完整的闭环。主播能够顺畅地走完这个闭环，也就意味着主播正在进行自我蜕变、自我提升，而主播的魅力也在这个过程中不断地得到了提升和体现。

后记

此书是《直播三力：表达力、说服力、变现力》一书的修订版和升级版，感谢广大读者对我的直播系列书的喜爱。

由于直播市场和规则随时都在发生变化，我在适当的时间，对之前的书中内容做了一些修订，以便满足直播市场和规则的变化。虽然直播的技能需要随着直播市场和规则的变化而变化，但直播的底层逻辑是不会有太大变化的。

本书对《直播三力：表达力、说服力、变现力》做了部分修订，以便研究直播的朋友们参考使用。如果你是新手主播，本书有太多实用的技能，你直接借鉴使用即可；如果你有直播团队，本书也有一些运营方法，你可以直接用来辅导直播团队，助力其执行。不过，你必须在亲自使用后，才能验证我的经验对你来说是否实用，能否达到预期的效果。

我希望本书能够带领广大朋友们做好直播、精进演讲，经营好自己的事业。但是，你也要明白，直播的技能不过是加分项，最重要的是你本身具备的演讲能力，以及你是否选择了好的产品、秉持着正确的理念。这些才是一切的基础。

祝愿你在这个时代，做最好的自己！